4

Barbara [illegible]szko
Janina So[illegible]owska
Maria M. Wilczyńska-Wołoszyn

PRZYRODA

Zeszyt do ćwiczeń dla uczniów klasy 4 szkoły podstawowej

Warszawa 2010

Wydawnictwo Edukacyjne Zofii Dobkowskiej

Projekt okładki i strony tytułowej
Marta i Łukasz Dziubalscy

Redaktor
Grażyna Grusznic

Redaktor techniczny
Alicja Wdowiak

Mapy
Tomasz Nowacki, Lech Śniadkowski
Mapy topograficzne za zgodą **Głównego Geodety Kraju**

Blokdiagramy
Urszula Radwańska

Fotografie
Włodzimierz Łapiński, Wiesław Stasiak

Ilustracje
Izabela Kordalewska, Ewa Krzywańska

Niniejszy zeszyt do ćwiczeń skorelowany jest z podręcznikiem „Przyroda 4. Podręcznik dla uczniów klasy 4 szkoły podstawowej" autorstwa Barbary Klimuszko, Janiny Sokołowskiej, Marii M. Wilczyńskiej-Wołoszyn (nr w wykazie MEN 179/99) i stanowi obudowę „Programu nauczania przyrody w szkole podstawowej" (nr DKW-4014-51/99).

Przygotowanie do druku
Studio BETA, Warszawa

Druk i oprawa
PERFEKT SA, Warszawa

WYDAWNICTWO EDUKACYJNE
ZOFII DOBKOWSKIEJ
02-387 Warszawa, ul. Lirowa 27

ISBN 978-83-86961-38-2

SPIS TREŚCI

POZNAJEMY NASZE ŚRODOWISKO

Lekcja nr ______ data ________

Temat: SPOSOBY POZNAWANIA PRZYRODY

(lekcja w terenie)

Data obserwacji ____________________

Teren obserwacji ____________________

Wzrok, słuch, węch, dotyk, smak są nam pomocne w poznawaniu przyrody. Wykorzystaj te zmysły przy wykonywaniu zadań.

1. Policz, ile drzew rośnie na wskazanym przez nauczyciela terenie ____

Wybierz dowolne drzewo. Opisz, jakie ono jest. Podkreśl właściwe określenia.

liściaste		iglaste
wysokie	średnie	niskie
grube		cienkie
proste		krzywe
gładkie		szorstkie
pachnące		bez zapachu

2. Jak nazywa się wybrane drzewo? Jeśli nie wiesz, to posłuż się przewodnikiem do rozpoznawania drzew i zapisz jego nazwę ____________________

____

- Zmierz taśmą mierniczą obwód wybranego drzewa na wysokości około 1 m od ziemi.

Obwód drzewa — ________ cm.

3. Dotknij kory drzewa. Opisz, jaka ona jest. Podkreśl właściwe określenia.

szorstka		gładka
brązowa	szara	biała
wilgotna		sucha
błyszcząca		omszona

- Czy widzisz na korze jakieś zielone lub niebieskozielone organizmy?

TAK NIE

- Jeśli są, to zaobserwuj, czy ze wszystkich stron drzewa jest ich tyle samo.

TAK NIE

4. Poszukaj na ziemi liści z wybranego drzewa. Obrysuj kształt liścia.

Ryc. 1. Obserwowany liść

● Spójrz na liść przez lupę. Co widzisz? Uzupełnij rysunek.

Jaki jest brzeg liścia?

GŁADKI POWYCINANY PIŁKOWANY ZĄBKOWANY

5. Przyłóż najpierw ucho, a potem słuchawkę lekarską do pnia drzewa. Zapisz, co słyszysz. ______________________________

____

6. Wykonując zadania 1 — 5, posługiwałeś się różnymi zmysłami. Zaznacz je na poniższych rysunkach następującymi kolorami:

wzrok, węch, słuch, dotyk, smak.

Zadania

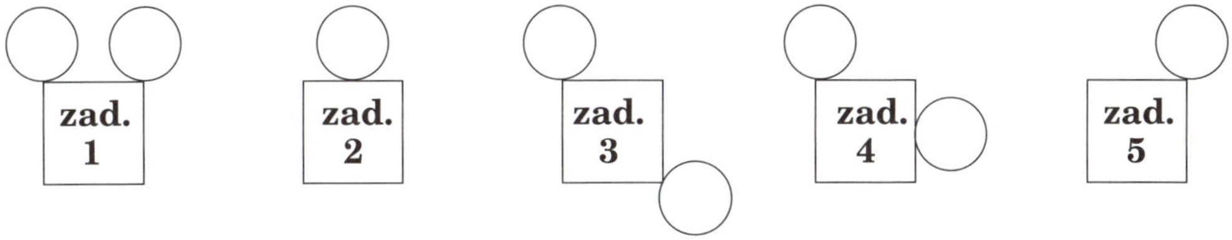

7. Co jeszcze pomogło Ci w prowadzeniu obserwacji?

____

____

8. Przeczytaj niebieski tekst umieszczony na str. 8 w podręczniku. Jak myślisz, który z opisów świadczy o tym, że jego autor ma cechy dobrego obserwatora przyrody?

____

9. Jakie cechy dobrego obserwatora ma wybrany przez Ciebie autor z zadania poprzedniego?

____

____

____

____

10. Zaproś rodziców na spacer do lasu lub parku. Zbierz liście 5 drzew i wykonaj zielnik według instrukcji ze str. 9 w podręczniku.

Lekcja nr ______ data ________

Temat: KRAJOBRAZ NAJBLIŻSZEJ OKOLICY

Ryc. 2. Elementy krajobrazu naturalnego okolicy Twojej szkoły

Ryc. 3. Elementy krajobrazu przekształconego przez człowieka w okolicy Twojej szkoły

11. Wybierz ze stron z wycinankami te rysunki, które przypominają krajobraz okolicy Twojej szkoły i wklej je w odpowiednich miejscach.

a) Na ryc. 2 wklej elementy krajobrazu naturalnego.

b) Na ryc. 3 wklej elementy krajobrazu przekształconego przez człowieka.

c) Każdy rysunek podpisz odpowiednim terminem z podręcznika (str. 10 i 11).

d) Dorysuj i podpisz te elementy krajobrazu, których nie ma na rysunkach, a występują w Twojej okolicy.

12. Opisz krajobraz najbliższej okolicy Twojej szkoły. Wykorzystaj terminy wpisane przez Ciebie na rycinach 2 i 3. Posłuż się planem opisu podanym w podręczniku na str. 11.

JAK ORIENTOWAĆ SIĘ W TERENIE I CZYTAĆ MAPĘ?

Lekcja nr ________ data ____________

Temat: WIDNOKRĄG I KIERUNKI GEOGRAFICZNE

(lekcja w terenie)

13. Jest południe słoneczne. Chłopiec stoi tyłem do Słońca. Opisz na końcu strzałek (ryc. 4) główne kierunki geograficzne.

Ryc. 4. Wyznaczanie kierunków w terenie za pomocą cienia

14. Uzupełnij tabelę 1, wpisując polskie i międzynarodowe skróty głównych kierunków geograficznych.

Tabela 1. Nazwy i skróty kierunków geograficznych

Nazwy kierunków	Skróty polskie	Skróty międzynarodowe
północny południowy wschodni zachodni		

15. W dniu 23 września Słońce wschodzi dokładnie na wschodzie i zachodzi na zachodzie. Na rycinie 5 opisz brakujące kierunki za pomocą skrótów polskich i międzynarodowych.

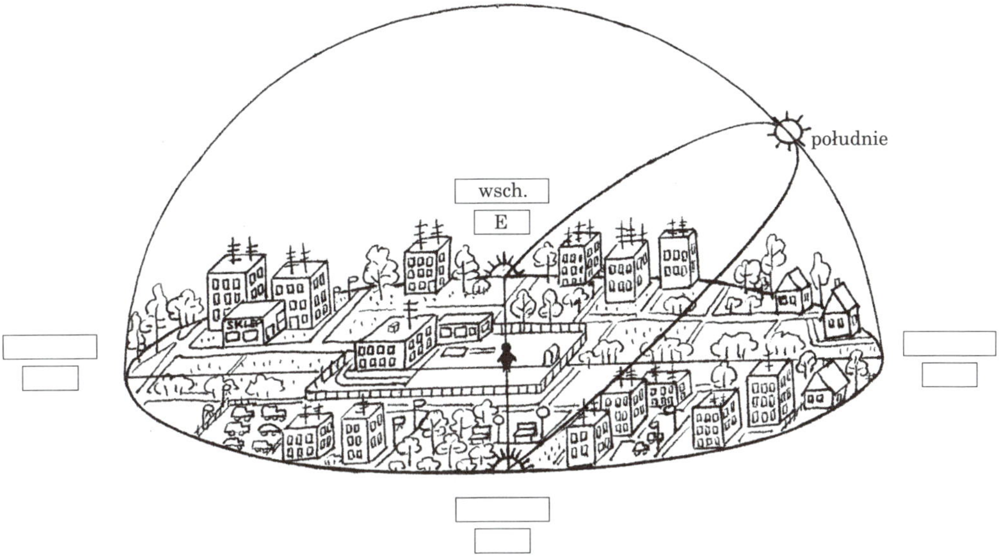

Ryc. 5. Dzienna droga Słońca po sklepieniu niebieskim 23 września i kierunki geograficzne

16. Wskaż w terenie Twój widnokrąg — linię pozornego styku nieba z ziemią. Zaznacz tę linię na rycinie 5 niebieskim kolorem.

17. Odszukaj na rycinie 5 chłopca stojącego w środku widnokręgu i czerwoną kredką narysuj jego cień w południe.

18. Jaki kierunek wskazuje jego cień?

19. Wyznacz w terenie kierunki główne za pomocą poznanych na lekcji sposobów (podręcznik str. 18–19). Napisz, co się znajduje:

w kierunku północnym od szkoły ____________________

w kierunku południowym od szkoły ____________________

w kierunku wschodnim od szkoły ____________________

w kierunku zachodnim od szkoły ____________________

Lekcja nr ______ data ________

Temat: SIŁY MAGNETYCZNE ZIEMI

20. Zbadaj, które z wymienionych na rycinie 6 przedmiotów są przyciągane przez magnes. Zaznacz strzałkami te, które są przyciągane przez magnes.

Ryc. 6. Badamy przedmioty z naszego otoczenia

21. Z czego wykonane są przedmioty, które przyciągnął magnes?

____

22. Rozwiąż krzyżówkę, odgadując nazwy przedmiotów zbudowanych z materiałów przyciąganych przez magnes, a dowiesz się, jak nazywa się przyrząd pożyteczny na wycieczce.

1. Służy do otwierania drzwi Twojego mieszkania.
2. Znajdziesz go prawie w każdym domu. Dzięki niemu masz w pokoju ciepło.
3. „Ciężka, ogromna...” pisał o niej w wierszu Julian Tuwim.
4. Używany jest w biurze do łączenia ze sobą kilku kartek.
5. Używasz jej do reperacji odzieży.
6. Jeżdżą po nich pociągi.

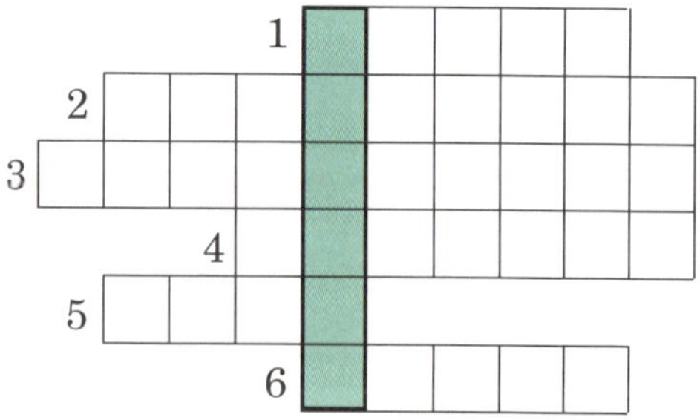

Temat: WYZNACZANIE KIERUNKÓW ZA POMOCĄ KOMPASU

23. Wyznacz kierunki w klasie za pomocą kompasu. Napisz, co się znajduje od Ciebie:

w kierunku północnym ______

w kierunku południowym ______

w kierunku wschodnim ______

w kierunku zachodnim ______

24. Uzupełnij rycinę 7, rysując:

a) w miejscu kropki w środku ryciny — siebie siedzącego w klasie;

b) od swojego miejsca do brzegów ryciny — strzałki wskazujące kierunki główne, podpisz te kierunki;

c) przy końcach odpowiednich strzałek — przedmioty, które wymieniłeś w zadaniu 23; możesz też na odpowiednich kierunkach wpisać imiona kolegów z klasy.

Ryc. 7. Kierunki w mojej klasie

Lekcja nr ______ data ______

Temat: KIERUNKI GEOGRAFICZNE NA MAPIE POLSKI

25. Uzupełnij tytuł mapy (ryc. 8), wpisując nazwę Twojej miejscowości.

Ryc. 8. Położenie ______________________ *w Polsce*

26. W kwadraciki, obok linii wyznaczających kierunki na mapie Polski, wpisz brakujące skróty kierunków (N, S, W, E).

27. Przy pomocy nauczyciela zaznacz na mapie w odpowiednim miejscu położenie miejscowości, w której znajduje się Twoja szkoła, i wpisz nazwę tej miejscowości.

Pamiętaj, że nazwy miejscowości umieszczane są na mapach:
- obok znaku wskazującego położenie miejscowości,
- pisane są wzdłuż kierunku zachód – wschód.

28. Od Twojej miejscowości narysuj linie wyznaczające kierunki. (Według wzoru w podręczniku — patrz ryc. 35.)

29. Połącz linią dwa dowolne miasta z Twoją miejscowością. Zaznacz strzałką kierunki, w których musiałbyś jechać do tych miast. Na liniach wpisz nazwy kierunków.

30. Zorientuj mapę (ryc. 8) za pomocą kompasu (patrz str. 27 w podręczniku). Wskaż w terenie kierunki, w których znajdują się wybrane przez Ciebie miasta.

Notatki

Lekcja nr ______ data ________

Temat: SKALA MAPY

Każda mapa wykonana jest w skali.

31. Przeczytaj, jak zapisujemy i czytamy skalę map oraz uzupełnij tabelę 2.

Tabela 2. Jak zapisujemy i czytamy skalę planów i map?

Skala	Zapis	Czytamy
liczbowa	1 : 1000	jeden do tysiąca
mianowana	1 cm — 1 m	1 cm na planie odpowiada 1 m w terenie
liczbowa	1 : 500 000	jeden do pięciuset tysięcy
mianowana	1 cm — 5 km	1 cm na mapie odpowiada 5 km w terenie
	1 : 10 000	
	1 cm — 10 km	
	1 cm — 200 m	
	1 : 25 000	

Jak zamieniamy skalę liczbową na mianowaną?

Przykład 1

Na mapie szczegółowej, np. w skali 1 : 10 000, 1 cm odpowiada 10 000 cm w terenie,
a ponieważ 1 m = 100 cm,
to skala mianowana wynosi 1 cm — 100 m

Przykład 2

Na mapie Polski w atlasie w skali 1 : 2 500 000, 1 cm odpowiada 2 500 000 cm w terenie,
a ponieważ 1 km = 100 000 cm,
to skala mianowana jest 1 cm — 25 km

32. Zamień skalę liczbową na mianowaną:

a) Skala liczbowa 1 . 200 000 oznacza, że ____________________

Skala mianowana 1 cm — ________ km

b) Skala liczbowa 1 : 1 000 000 oznacza, że ____________________

Skala mianowana 1 cm — ________ km

33. Do czego służy skala mapy? ____________________________

____

Lekcja nr ______ data ________

Temat: RYSOWANIE PLANU STOLIKA SZKOLNEGO

34. Zmierz linijką wymiary stolika szkolnego. Wyniki zanotuj w tabeli 3.

35. Oblicz, ile wynoszą wymiary stolika w różnych skalach.

36. Narysuj plan stolika szkolnego w skali 1 : 10, 1 : 50 i 1 : 100.

Tabela 3. Wymiary stolika

Mierzone wielkości	**Rzeczywiste** w cm	**W skali 1 : 10** w mm	**W skali 1 : 50** w mm	**W skali 1 : 100** w mm
Długość				
Szerokość				

Ryc. 9. Plan stolika szkolnego w skali 1 : 10

Ryc. 10. Plan stolika szkolnego w skali 1 : 50

Ryc. 11. Plan stolika szkolnego w skali 1 : 100

Temat: RYSOWANIE PLANU KLASY

37. Przyjmując za podstawę długość stolika szkolnego, oceń „na oko" wymiary klasy i wpisz do tabeli 4. Następnie zmierz taśmą mierniczą długość i szerokość klasy i porównaj z wynikiem uzyskanym z pomiaru „na oko".

38. Zmierz taśmą mierniczą pozostałe wymiary klasy. Pomiar powtórz trzy razy w celu sprawdzenia ich dokładności. Sprawdzone wyniki zanotuj w tabeli.

39. Oblicz wymiary klasy w skali planu i wpisz do tabeli 4.

Tabela 4. Wymiary klasy

Mierzone wielkości	Ocena „na oko"	Rzeczywiste w cm	W skali 1:100 w cm
Długość klasy			
Szerokość klasy			
Odległość drzwi od narożnika	—		
Szerokość drzwi	—		
Odległość okna od narożnika	—		
Szerokość okna	—		
Odległości między oknami	—		
Odległość tablicy od narożnika	—		
Szerokość tablicy	—		
Rozmiary biurka nauczyciela	—		
Odległość biurka od ścian	—		
Odległości między stolikami uczniów	—		

40. Narysuj plan klasy (ryc. 12) wraz z rozmieszczeniem ławek.

41. Obok planu lub pod nim umieść jego legendę.

42. Wpisz imiona kolegów przy odpowiednich ławkach.

43. Zorientuj plan za pomocą kompasu. Narysuj na planie kierunek północny.

44. W jakim kierunku od Twojego stolika znajdują się:

drzwi klasy ______________________________

tablica ______________________________

okna ______________________________

Ryc. 12. Plan klasy

Lekcja nr ________ data ________

Temat: LEGENDA MAPY. POLSKA W EUROPIE

45. Uzupełnij legendę mapy (ryc. 13), rysując obok odpowiednich objaśnień znaki umowne występujące na tej mapie.

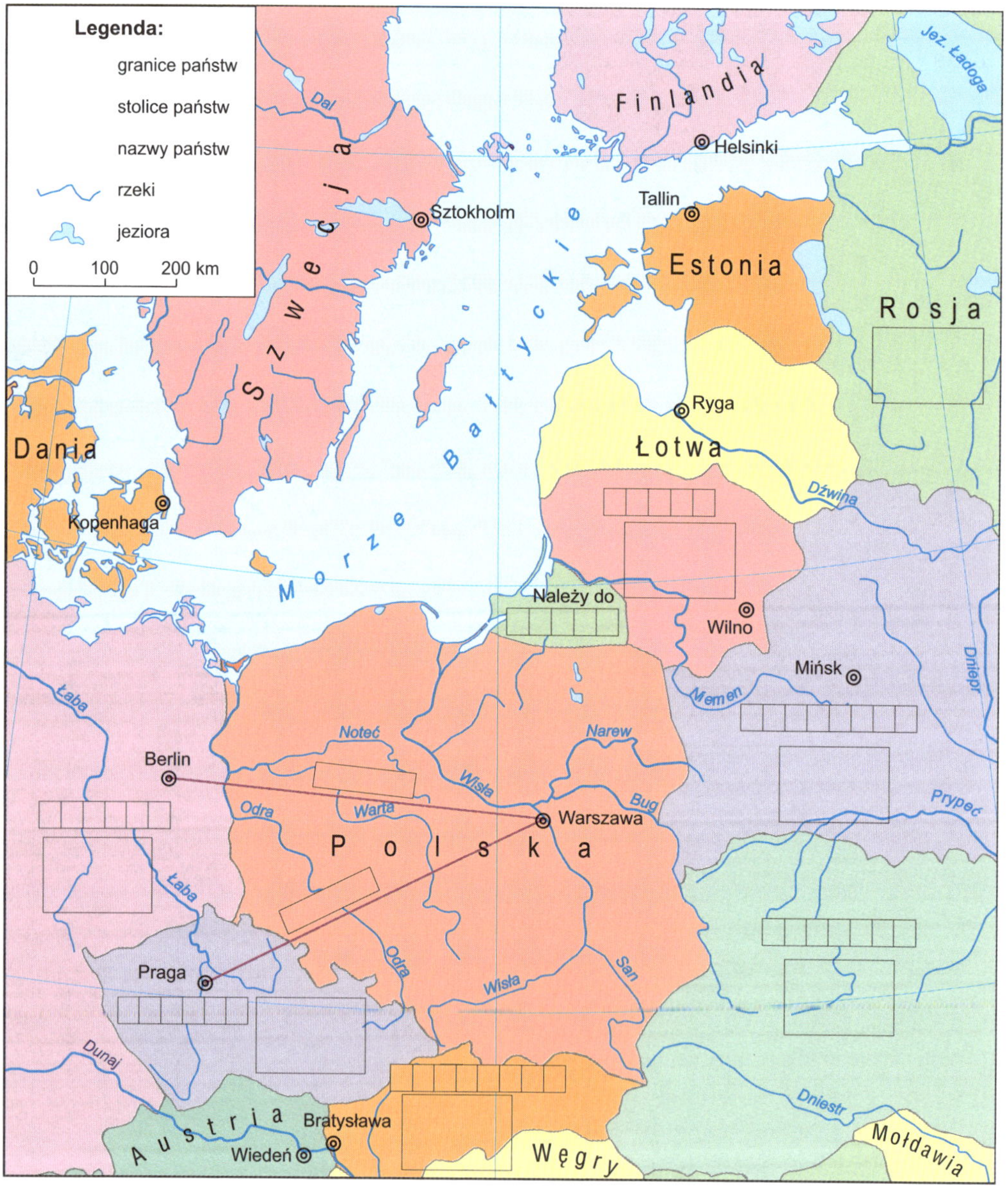

Ryc. 13. Polska i jej sąsiedzi

46. Na mapę polityczną Europy Środkowej (ryc. 13):

a) wpisz w wyznaczonych miejscach nazwy państw sąsiadujących z Polską,

b) naklej flagi państw sąsiadujących z Polską (strona z wycinankami).

47. W którym kierunku od Polski leżą następujące państwa:

Niemcy ______________________ Słowacja ______________________

Ukraina ______________________ Szwecja ______________________

Białoruś ______________________ Litwa ______________________

48. Korzystając z podziałki mapy, oblicz i wpisz na mapę odległość w linii prostej:

z Warszawy do Berlina ______________________

z Warszawy do Pragi ______________________

49. Wklej zdjęcie z widokiem stolicy jednego z państw sąsiadujących z Polską. W podpisie przedstaw treść zdjęcia.

Ryc. 14. ______________________

Lekcja nr ______ data ________

Temat: POŁOŻENIE TWOJEJ MIEJSCOWOŚCI W POLSCE

50. Opisz położenie swojego województwa w Polsce. Skorzystaj z mapy i wzoru opisu w podręczniku na str. 32.

Położenie województwa ______________________ w Polsce

____

____

____

____

____

____

51. Wklej do zeszytu kopię mapy swojego województwa. Opisz na jej podstawie położenie swojej miejscowości. Skorzystaj ze wzoru w podręczniku na str. 34.

Ryc. 15. ____

Położenie ______________________ w Polsce

52. Które miejsce lub obiekt w Twojej miejscowości najbardziej Ci się podoba? Może to być obiekt historyczny, związany z tradycją, pomnik przyrody, miejsce wypoczynku. Opisz i zobrazuj je (zdjęcie lub rysunek) tak, jakbyś chciał zachęcić znajomych z innej miejscowości do obejrzenia tych miejsc.

Lekcja nr ________ data ________

Temat: POWIETRZE I JEGO WŁAŚCIWOŚCI

53. Wykonano doświadczenie, którego początek i koniec zilustrowano rysunkami.

a) **b)**

Ryc. 16. Badamy właściwości powietrza — doświadczenie 1

Dlaczego:

- świeczka zgasła?

____

____

- woda nie wypełniła szklanki całkowicie?

____

____

54. W kwadracie jest 100 kratek. Każda z nich to 1 litr. Zakreskuj odpowiednim kolorem tyle kratek kwadratu, ile litrów danego składnika znajduje się w powietrzu.

azot tlen inne

55. Do probówki z wodą wapienną w ciągu kilku minut wolno wdmuchuj przez rurkę powietrze z płuc (ryc. 17). Doświadczenie przeprowadź ostrożnie!

Ryc. 17. Badamy właściwości powietrza — doświadczenie 2

WYNIKI OBSERWACJI:

wdychamy gazy: ______________________________

wydychamy gazy: ______________________________.

56. Uzasadnij, dlaczego należy często wietrzyć salę lekcyjną.

____

57. Dowolnie wybraną roślinę doniczkową okryj torebką foliową (ryc. 18). Sprawdź po 24 godzinach, jak wyglądają ścianki torebki. Wyniki obserwacji zaznacz na rycinie b i zapisz pod ryciną.

a)

b)

Ryc. 18. Badamy właściwości powietrza – doświadczenie 3

Na torebce (ryc. b) osadziły się ______________________, które świadczą o tym, że w torebce na ryc. a jest niewidoczny składnik powietrza, gaz — ______________________.

Lekcja nr ______ data ______

Temat: TEMPERATURA POWIETRZA

Ryc. 19. Temperaturę powietrza mierzymy zazwyczaj termometrem zaokiennym, umocowanym w cieniu (najlepiej po północnej stronie budynku)

58. Zaznacz na rysunku, gdzie powinien znajdować się termometr.

Ryc. 20. Temperaturę powietrza odczytujemy tak, aby poziom oczu był na poziomie słupka cieczy w termometrze

59. Skreśl niewłaściwe rysunki.

60. Odczytaj temperaturę powietrza na termometrze zaokiennym dwa razy w ciągu dnia. Zapisz, ile wynosiła, i narysuj na rycinie 21 słupki cieczy o odpowiednim poziomie.

Ryc. 21. Temperatura powietrza zmierzona w miejscowości ______________

w dniu ______________

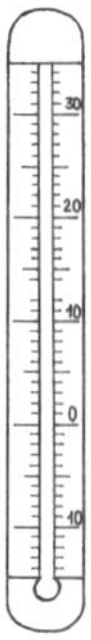

o godz. ________

wynosiła _____ °C

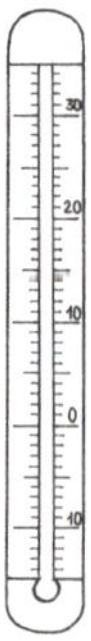

o godz. ________

wynosiła _____ °C

O której godzinie było cieplej? ______________________________

61. Odczytaj z termometrów (ryc. 22) zmierzoną temperaturę powietrza i wpisz jej wartość pod każdym termometrem.

a) O której porze dnia było najcieplej? ______________________________

b) O której porze dnia było najzimniej? ______________________________

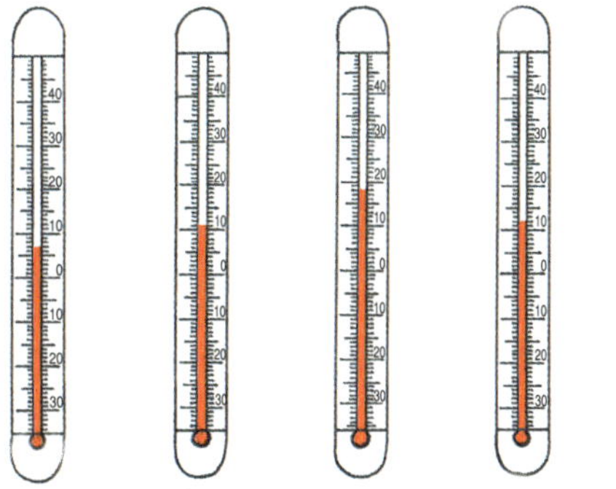

Ryc. 22. Obliczanie średniej dobowej temperatury powietrza

62. Oblicz średnią dobową temperaturę powietrza z odczytanych na ryc. 22 wartości.

____°C + ____°C + ____°C + ____°C = ____°C ; ____ : 4 = ____ °C

Jak obliczamy średnią dobową temperaturę powietrza?

Średnią dobową temperaturę powietrza obliczamy na podstawie pomiarów temperatury o godz. 7.00 i 19.00 oraz temperatury maksymalnej (maks.) i minimalnej (min.) w ciągu doby.

Ryc. 23. Średnie dobowe temperatury powietrza we wrześniu 1994 roku na stacji meteorologicznej Warszawa – Okęcie

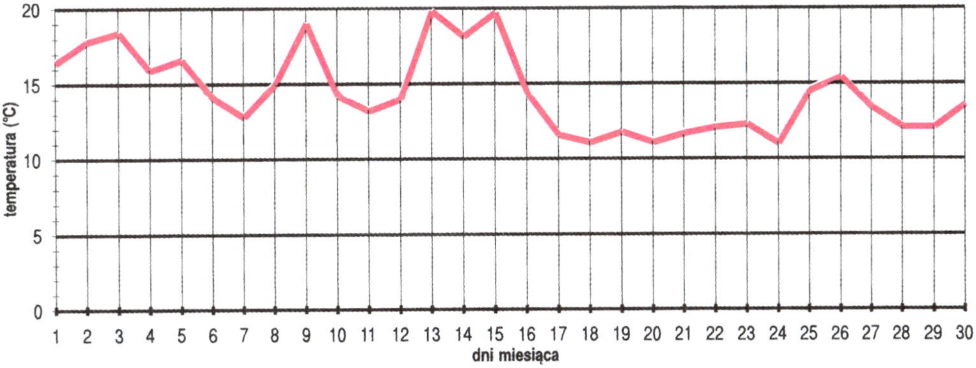

63. Odczytaj z wykresu (ryc. 23), jak zmieniała się średnia dobowa temperatura powietrza we wrześniu 1994 roku na stacji Warszawa – Okęcie:

temperatura najwyższa __________ °C była w dniu __________ września

temperatura najniższa __________ °C była w dniu __________ września

Lekcja nr ______ data ______

Temat: WIATR

64. Znając kierunek wiatru i zestaw przedmiotów leżących na stole (ryc. 24), narysuj w ramce, które z podanych przedmiotów zmieniły położenie.

Ryc. 24. Pod wpływem wiatru niektóre przedmioty przemieszczają się

- Oceń prędkość wiatru na podstawie obserwacji i wpisz do tabeli. Skorzystaj z podręcznika na str. 41.

Tabela 5. Obserwacja prędkości wiatru

Data	**Godzina**	**Dostrzeżone oznaki wiatru**	**Prędkość wiatru w przybliżeniu w km/godz.**	**Rodzaj wiatru**

Nazwa kierunku wiatru pochodzi od nazwy kierunku, z którego wiatr wieje.

65. Napisz, skąd wieją wymienione wiatry.

↓ Wiatr północny wieje z północy.

↑ Wiatr południowy wieje z ______________________________

→ Wiatr zachodni wieje z ______________________________

← Wiatr wschodni wieje ze ______________________________

↘ Wiatr północno-zachodni wieje z ______________________________

↖ Wiatr południowo-wschodni wieje z ______________________________

66. Strzałki oznaczają różne kierunki wiatru. Wpisz ich nazwy.

↘ ______________________ ↗ ______________________

↑ ______________________ → ______________________

67. Wklej notatkę z prasy na temat bardzo silnego wiatru (huragan, sztorm), który wystąpił w jakimś miejscu na Ziemi. W notatce podkreśl informacje dotyczące **miejsca huraganu lub sztormu, daty jego wystąpienia oraz skutków, jakie spowodował.** Możesz także sporządzić notatkę na podstawie wiadomości z radia lub telewizji.

Lekcja nr ______ data ______

Temat: TRZY STANY SKUPIENIA WODY. PAROWANIE WODY I SKRAPLANIE PARY WODNEJ

68. Pod odpowiednimi rysunkami (tab. 6) wpisz:

a) nazwę ciała: *woda, lód,*

b) rodzaj ciała: *ciało stałe, ciecz,*

c) wybrane cechy: *bez barwy, cięższe od oleju, lżejsze od wody.*

Tabela 6. Właściwości wody i lodu

a) ______ **b)** ______ **c)** ______	**a)** ______ **b)** ______ **c)** ______

69. W puste prostokąty wpisz nazwy ciał powstających podczas ogrzewania lodu.

lód	ogrzewanie →		ogrzewanie →	

70. W przyrodzie możemy często obserwować skutki zmian stanu skupienia wody. W drodze do szkoły zaobserwuj, kiedy wystąpiła mgła lub rosa. Wyniki swoich obserwacji zanotuj w tabeli 7.

Tabela 7. Opis obserwacji mgły i rosy

Rodzaj zjawiska	**Data**	**Godzina**	**Miejsce obserwacji**	**Opis zjawiska**
Mgła				
Rosa				

71. Które z tych zjawisk atmosferycznych jest niebezpieczne dla ruchu pojazdów i dla pieszych? Wyjaśnij, dlaczego.

72. Rozpoznaj główne rodzaje chmur (ryc. 25): *chmury pierzaste, kłębiaste, warstwowe.* Wpisz odpowiednie nazwy pod rysunkami.

Ryc. 25. Rodzaje chmur

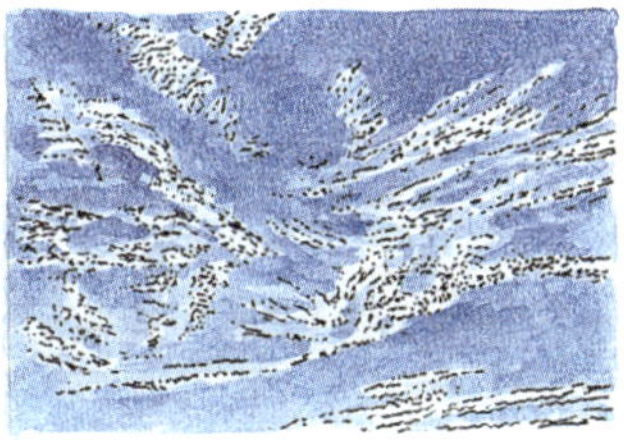

73. Rozpoznaj stopień zachmurzenia (ryc. 26): *zachmurzenie całkowite, zachmurzenie częściowe, niebo bezchmurne.* Wpisz pod rysunkami odpowiednie określenia.

Ryc. 26. Stopnie zachmurzenia

74. Rozpoznaj rodzaj chmur oraz stopień zachmurzenia nieba w tej chwili w miejscu, w którym się znajdujesz. Zapisz wyniki obserwacji.

Lekcja nr ______ data ______

Temat: ZAMARZANIE WODY I TOPNIENIE LODU

75. Przechodzenie lodu w wodę w temperaturze 0°C nazywamy **topnieniem**, natomiast zamiana wody w lód w tej samej temperaturze (0°C) — to **zamarzanie**. Wpisz nad strzałkami nazwy odpowiednich procesów.

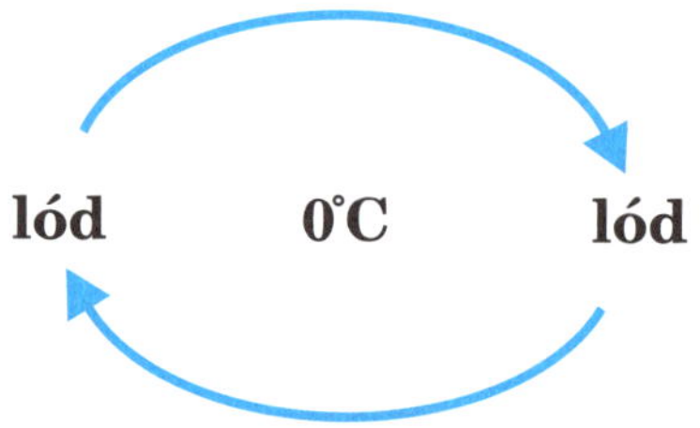

Ryc. 27. Zamarzanie wody i topnienie lodu

76. Na podstawie rycin 28a i b odpowiedz, jakie zmiany w przyrodzie spowodował gwałtowny wzrost temperatury powietrza.

____

____

____

____

a) **b)**

Ryc. 28. Stan wody w rzece przed gwałtownym wzrostem temperatury (a) i po gwałtownym wzroście temperatury (b)

77. Na podstawie ryciny 28 odpowiedz, jakie niebezpieczeństwo może zagrażać w zimie lub wiosną mieszkańcom miejscowości położonych nad górską rzeką, jeśli raptownie wzrośnie temperatura powietrza.

78. W przyrodzie możemy obserwować skutki zamarzania wody oraz topnienia lodu i śniegu. W drodze do szkoły zaobserwuj związane z tym zjawiska i zanotuj w tabeli 8 wyniki swoich obserwacji.

Tabela 8. Opis obserwacji zjawisk atmosferycznych

Rodzaj zjawiska	**Data**	**Godzina**	**Miejsce obserwacji**	**Opis zjawiska**
Pokrywa lodowa				
Szron				
Sadź				
Gołoledź				
Odwilż				

79. Które ze zjawisk wymienionych w tabeli jest niebezpieczne dla ruchu pojazdów i dla ludzi? Wyjaśnij, dlaczego.

Lekcja nr ______ data ________

Temat: OPADY ATMOSFERYCZNE

80. Rozpoznaj główne rodzaje opadów: *deszcz, śnieg, mżawka* lub *grad*. Pod rysunkami wpisz nazwy opadów oraz rodzaje chmur, z których powstały te opady.

Ryc. 29. Rodzaje opadów

______________ ______________ ______________ ______________

______________ ______________ ______________ ______________

81. Na podstawie wykresu (ryc. 30) oblicz, ile było dni z opadami we wrześniu 1994 roku: ____________ dni.

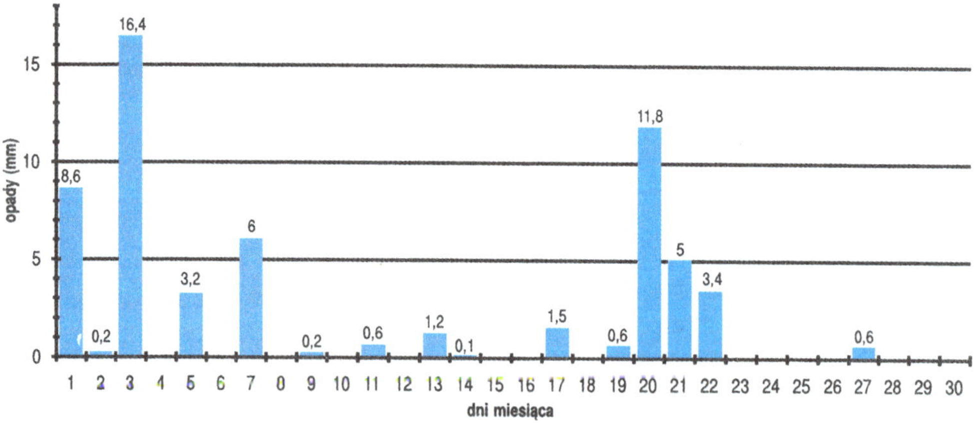

Ryc. 30. Dobowe sumy opadów we wrześniu 1994 roku na stacji Warszawa – –Okęcie

82. Na podstawie wykresu (ryc. 30) oblicz miesięczną sumę opadów dla września 1994 roku: ________ mm.

Lekcja nr ______ data ______

Temat: KRĄŻENIE WODY W PRZYRODZIE

83. Zaobserwuj w terenie, co się dzieje z wodą po deszczu i zapisz wyniki obserwacji pod rysunkami (*parowanie*, *wsiąkanie*, *odpływ*).

______ ______ ______

Ryc. 31. Co się dzieje z wodą po deszczu?

84. Uzupełnij rysunek:

a) pomaluj strzałki obrazujące krążenie wody — na niebiesko;

b) obok każdej strzałki wpisz odpowiednie określenie: *parowanie z gruntu, parowanie z roślin, parowanie z wód powierzchniowych, odpływ powierzchniowy, odpływ podziemny, wsiąkanie, opad.*

Ryc. 32. Krążenie wody w przyrodzie

Lekcja nr ______ data ________

Temat: ZJAWISKA ATMOSFERYCZNE

85. Wypisz zjawiska fizyczne występujące podczas burzy:

a) zjawiska świetlne ____________________

b) zjawiska dźwiękowe (akustyczne) ____________________

c) zjawiska elektryczne ____________________

86. Jeśli zobaczysz błyskawicę, oblicz, w jakiej odległości od Ciebie jest burza. Skorzystaj z informacji w podręczniku na str. 50.

____

87. Jak należy zachowywać się podczas burzy, aby uniknąć porażenia piorunem?

____

____

88. Na rycinie 33 pomaluj łuk tęczy. W jakiej kolejności ułożone są jej barwy? Sprawdź w podręczniku, a może uda Ci się zaobserwować tęczę na niebie.

Ryc. 33. Układ barw w tęczy

89. Na każdej parze rysunków (ryc. 34) skreśl osobę, która nie zobaczy tęczy.

Ryc. 34. Kiedy możemy zobaczyć tęczę?

90. Gdzie musi stać obserwator, aby zobaczyć tęczę? ____________________

____

91. Na podstawie kilku poprzednich lekcji uzupełnij tabelę 9, wpisując nazwy zjawisk fizycznych, powodujących powstanie podanych zjawisk atmosferycznych.

Tabela 9. Przyczyny powstawania niektórych zjawisk atmosferycznych

Zjawiska atmosferyczne	**Zjawiska fizyczne je powodujące**
Powstawanie pary wodnej	
Powstawanie chmur, deszczu, rosy, mgły	
Powstawanie szronu, pokrywy lodowej	
Odwilż	Topnienie
Tęcza	

OBSERWACJE POGODY

Lekcja nr ________ data __________

Temat: POGODA LATEM

(DO WYKONANIA WE WRZEŚNIU)

92. Przeprowadź obserwacje stanów pogody przez jeden tydzień września. Wyniki obserwacji i pomiarów zanotuj w tabeli 10.

Tabela 10. Obserwacje pogody — wrzesień

Data	Godzina	Temperatura powietrza w °C	Zachmurzenie		Rodzaj opadu	Prędkość wiatru w °B
			stopień	rodzaj chmur		

93. Opisz stany pogody zaobserwowane w badanym tygodniu września.

a) Temperatura najwyższa wynosiła __________, najniższa wynosiła ________.

b) Przeważało zachmurzenie (stopień) ______________,

(rodzaj chmur) ______________________________.

c) Ile było dni z opadami? __________

d) Który rodzaj opadów przeważał? __________________________

e) Jaka prędkość wiatru przeważała? __________________________

94. Napisz, jak wygląda roślinność o tej porze roku.

95. Na podstawie własnych obserwacji, literatury oraz informacji podawanych przez media, podaj przykłady zwierząt, które już rozpoczęły przygotowania do zimy. Opisz, na czym polegają te przygotowania.

Lekcja nr ________ data ___________

Temat: POGODA JESIENIĄ

(DO WYKONANIA W LISTOPADZIE)

96. Przeprowadź obserwacje stanów pogody przez jeden tydzień listopada. Wyniki obserwacji i pomiarów zanotuj w tabeli 11.

Tabela 11. Obserwacje pogody — listopad

Data	Godzina	Temperatura powietrza w °C	Zachmurzenie		Rodzaj opadu	Prędkość wiatru w °B
			stopień	rodzaj chmur		

97. Opisz stany pogody zaobserwowane w badanym tygodniu listopada.

a) Temperatura najwyższa wynosiła __________, najniższa wynosiła ________.

b) Przeważało zachmurzenie (stopień) ______________,

(rodzaj chmur) ______________________________ .

c) Ile było dni z opadami? ______________________________

d) Który rodzaj opadów przeważał? ______________________________

e) Jaka prędkość wiatru przeważała? ______________________________

98. Napisz, jak wygląda roślinność o tej porze roku.

99. Które ptaki odleciały, a które przyleciały do nas na zimę? Które zwierzęta już śpią?

Lekcja nr ______ data ________

Temat: POGODA ZIMĄ

(DO WYKONANIA W STYCZNIU)

100. Przeprowadź obserwacje stanów pogody przez jeden tydzień stycznia. Wyniki obserwacji i pomiarów zanotuj w tabeli 12.

Tabela 12. Obserwacje pogody — styczeń

Data	Godzina	Temperatura powietrza w °C	Zachmurzenie		Rodzaj opadu	Prędkość wiatru w °B
			stopień	rodzaj chmur		

101. Opisz stany pogody zaobserwowane w badanym tygodniu stycznia.

a) Temperatura najwyższa wynosiła ________, najniższa wynosiła ________.

b) Przeważało zachmurzenie (stopień) ____________,

(rodzaj chmur) ________________________.

c) Ile było dni z opadami? ________

d) Który rodzaj opadów przeważał? ________________

e) Jaka prędkość wiatru przeważała? ________________

102. Napisz, jak wygląda roślinność o tej porze roku.

103. W czasie drogi do szkoły zaobserwuj ślady zwierząt aktywnych zimą. Otocz pętlą te ślady zwierząt, które widziałeś.

Lekcja nr ______ data ________

Temat: POGODA WIOSNĄ

(DO WYKONANIA W MAJU)

104. Przeprowadź obserwacje stanów pogody przez jeden tydzień maja. Wyniki obserwacji i pomiarów zanotuj w tabeli 13.

Tabela 13. Obserwacje pogody — maj

Data	Godzina	Temperatura powietrza w °C	Zachmurzenie		Rodzaj opadu	Prędkość wiatru w °B
			stopień	rodzaj chmur		

105. Opisz stany pogody zaobserwowane w badanym tygodniu maja.

a) Temperatura najwyższa wynosiła ________, najniższa wynosiła ________.

b) Przeważało zachmurzenie (stopień) __________,

(rodzaj chmur) ____________________.

c) Ile było dni z opadami? ________

d) Który rodzaj opadów przeważał? ________________

e) Jaka prędkość wiatru przeważała? ________________

106. Napisz, jak wygląda roślinność o tej porze roku.

107. Podaj nazwy ptaków, które najwcześniej powróciły do naszego kraju. Opisz, jak się zachowują.

Lekcja nr ______ data ________

Temat: ZMIANY POGODY W POLSCE W CIĄGU ROKU

(DO WYKONANIA W MAJU)

108. Czterokrotnie w ciągu roku przeprowadzałeś obserwacje pogody w miejscu swojego zamieszkania. Zestaw w tabeli 14 podsumowanie tych obserwacji.

Tabela 14. Zmiany pogody w 4 okresach obserwacji

Okres obserwacji	Temperatura powietrza od – do	Zachmurzenie		Rodzaj opadu	Prędkość wiatru od – do
		stopień od – do	rodzaj chmur		
Wrzesień					
Listopad					
Styczeń					
Maj					

109. Opisz w kilku zdaniach zmiany pogody w ciągu roku w Twojej miejscowości.

____

____

____

110. Na podstawie obserwacji opisz zmiany w świecie roślin i zwierząt w ciągu roku.

____

____

111. W jaki sposób zmiany pogody w ciągu roku wpływają na Twoje życie codzienne? Podaj dwa przykłady.

____

____

____

____

112. Na podstawie zanotowanych wyników obserwacji i treści podręcznika (str. 58–61) opisz poszczególne pory roku w Polsce, wpisując do tabeli 15 ich charakterystyczne cechy.

Tabela 15. Charakterystyczne cechy poszczególnych pór roku

Pora roku	**Warunki cieplne**	**Stopień zachmurzenia i rodzaj chmur**	**Rodzaje opadów i osadów**	**Inne zjawiska**	**Zmiany w życiu roślin i zwierząt**
Lato					
Jesień					
Zima					
Wiosna					

Odpowiednie określenia wybierz z podanych niżej:

a) Warunki cieplne: *gorąco, ciepło, chłodno, zimno, mroźno.*

b) Stopień zachmurzenia: *bezchmurnie (słonecznie), zachmurzenie częściowe, zachmurzenie całkowite.*
Rodzaj chmur: *pierzaste, kłębiaste, warstwowe, warstwowo-kłębiaste.*

c) Rodzaje opadów i osadów: *deszcz, mżawka, grad, śnieg, rosa, sadź, szron, gołoledź.*

d) Inne zjawiska: np. *burza, mgła, przymrozek, tęcza, wichura, sztorm, wiatr halny, cisza.*

e) Zmiany w życiu roślin i zwierząt: *opadanie liści, rozwijanie się liści, kwitnienie roślin, pełnia rozwoju roślin, owocowanie, przyloty i odloty ptaków,* inne przystosowania zwierząt do poszczególnych pór roku.

113. Podaj po dwa przykłady, w jaki sposób zmiany pogody w ciągu roku wpływają na:

a) rolnictwo ______________________________

____

____

b) komunikację ______________________________

____

____

Lekcja nr _______ data __________

Temat: WPŁYW KLIMATU NA PRZYRODĘ

114. Z wycinanki wybierz rysunki przedstawiające przyrodę w różnych porach roku. Rysunki wklej w odpowiednie kółka, przyjmując, że zielony kolor oznacza wiosnę, żółty — lato, czerwony — jesień, a niebieski — zimę.

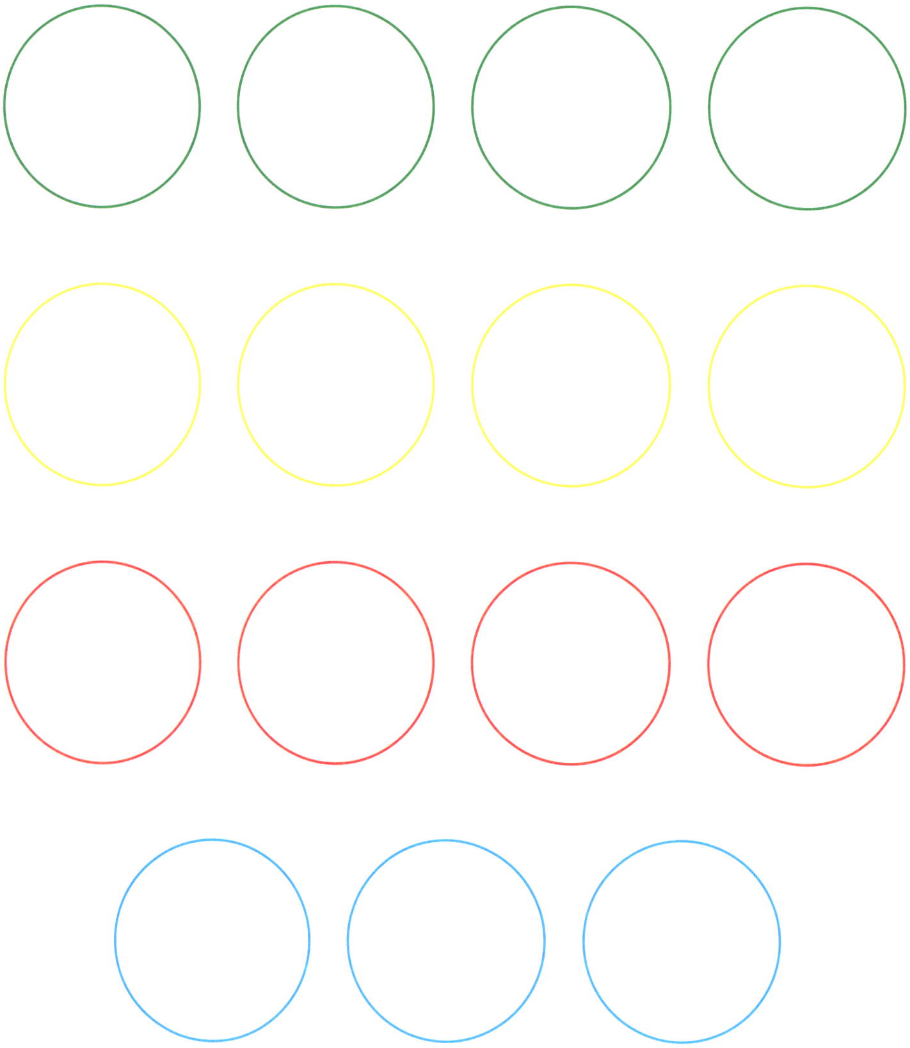

Ryc. 35. Przyroda w różnych porach roku

Lekcja nr ______ data ________

Temat: PROGNOZA POGODY

115. W przeddzień lekcji przyrody wysłuchaj telewizyjnej prognozy pogody i wypisz dane o pogodzie dla rejonu, w którym znajduje się Twoja szkoła.

Data prognozy ________________	Noc	Dzień
Temperatura powietrza	____________	____________
Rodzaj opadu	____________	____________
Inne zjawiska atmosferyczne	____________	____________

116. Na podstawie telewizyjnej prognozy pogody i własnych obserwacji napisz swoją prognozę pogody na czas Twojego wyjścia ze szkoły.

Jak zmieni się temperatura powietrza? ____________________________

Co zapowiadają chmury? ____________________________________

117. Zapisz, w jakim stopniu Twoja prognoza się sprawdziła.

____

____

118. Komu szczególnie potrzebne są prognozy pogody?

____

____

____

____

____

____

____

____

____

____

____

____

____

Lekcja nr ______ data ________

Temat: KLIMAT TWOJEJ MIEJSCOWOŚCI

119. Opisz klimat swojej miejscowości na podstawie map i wykresów w podręczniku na str. 54 – 56. Skorzystaj z instrukcji.

Jak odczytać z mapy temperaturę powietrza i wysokość opadów?

1. Odczytywanie temperatury powietrza w lipcu

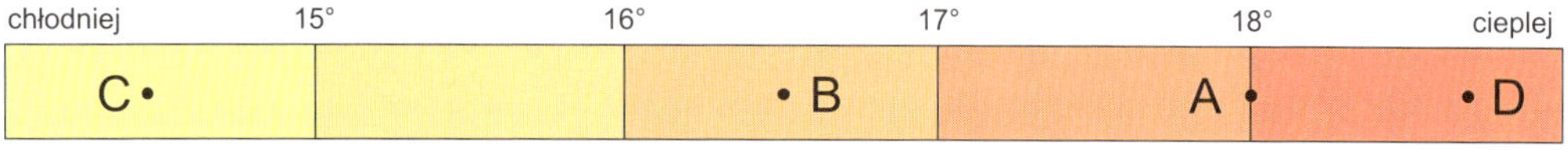

np. w punkcie **A** wynosi ona **18°C**, w punkcie **B** — **między 16°C a 17°C,** w punkcie **C** — **poniżej 15°C,** a w punkcie **D** — **powyżej 18°C**

2. Odczytywanie temperatury powietrza w styczniu

np. w punkcie **A** wynosi ona **–3°C**, w punkcie **B** — **między –1°C a –2°C,** w punkcie **C** — **poniżej –4°C,** a w punkcie **D** — **powyżej –1°C**

3. Odczytywanie rocznych opadów:

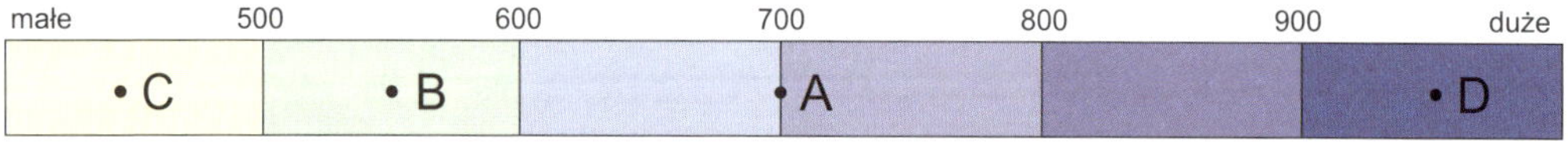

np. w punkcie **A** opady wynoszą **700 mm,** w punkcie **B** — **między 500 a 600 mm,** w punkcie **C** — **poniżej 500 mm,** a w punkcie **D** — **powyżej 900 mm**

Klimat miejscowości ____________________

Średnia miesięczna temperatura powietrza w lipcu ______________

Średnia miesięczna temperatura powietrza w styczniu ______________

W których miesiącach (tak, jak w całej Polsce) jest najcieplej ____________

najzimniej ____________

Średnia roczna suma opadów ____________

W których miesiącach (tak, jak w całej Polsce) jest opadów najwięcej

____________, a w których najmniej ____________.

Klimat Polski nazywamy **klimatem** ____________________, moja miejscowość leży więc w **klimacie** ____________________.

CZŁOWIEK I JEGO POTRZEBY ŻYCIOWE

Lekcja nr ______ data ________

Temat: PODSTAWOWE POTRZEBY CZŁOWIEKA

120. Obwiedź zielonym kolorem te przedmioty i czynniki, które są nam niezbędne do życia.

narzędzia	**książki**	**komputer**	**telewizor**
ubrania	**pieniądze**	**woda**	**telefon**
samochód	**mieszkanie**	**sklepy**	**powietrze**
kolej		**żywność**	

121. Uzupełnij schemat, wpisując w odpowiednie miejsca pojęcia: *wydech, pobieranie tlenu, tlen, dwutlenek węgla, wdech, wydalanie dwutlenku węgla.*

________ ________

________________ ⟶ płuca ⟶ ________________

________________________ ________________________

Pobieranie tlenu i wydalanie dwutlenku węgla nosi nazwę ____________

______________ .

122. Wyjaśnij, do czego potrzebny jest nam tlen?

123. Kawałek przezroczystej taśmy samoprzylepnej (wielkości prostokąta poniżej) przyklej do górnej strony liścia z drzewa lub krzewu rosnącego przy ruchliwej ulicy i taki sam — do liścia z drzewa lub krzewu rosnącego w środku parku albo lasu. Odklej taśmę z liści i przyklej na wskazane prostokąty. Porównaj oba kawałki taśmy.

taśma z liścia drzewa (krzewu) rosnącego przy ruchliwej ulicy	*taśma z liścia drzewa (krzewu) rosnącego w głębi lasu (parku)*

WYNIK OBSERWACJI: ____________________

WNIOSEK: ____________________

____

124. W kółka wpisz, jakie zanieczyszczenia wprowadzamy wraz z powietrzem do naszego organizmu.

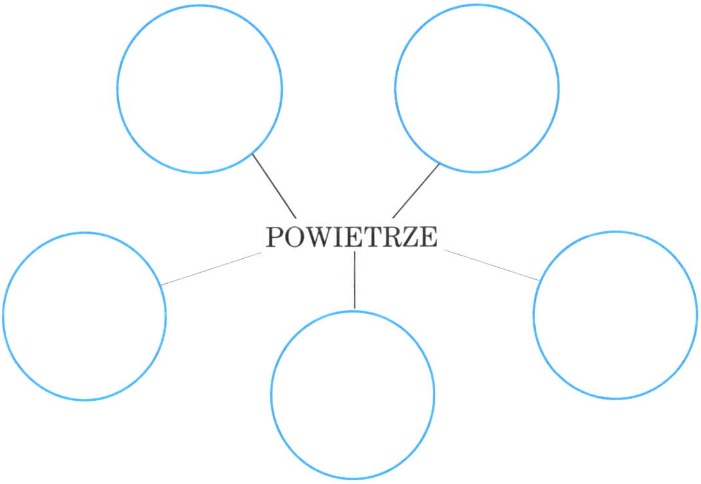

125. Zanotuj, ile litrów wody pijesz dziennie? (Uwzględnij herbatę, zupę, soki, wodę mineralną i inne płyny.)

____

____

____

____

____

126. Przeprowadź wśród 6 osób wywiad według wzoru na temat: „Jaką wodę piją mieszkańcy mojej miejscowości”?

data ____________

Pytanie: *Jakiej wody używa Pani (Pan) do picia?*

- z kranu
- ze studni
- mineralnej niegazowanej (jakiej?) ______________________________
- mineralnej gazowanej (jakiej?) ______________________________

WIEK: 10 — 20 lat
21 — 30 lat
31 — 40 lat
41 — 50 lat
51 —

PŁEĆ: kobieta, mężczyzna

127. Podsumuj wyniki wywiadu według wzoru:

Dnia ________ został przeprowadzony wywiad nt. „Jaką wodę piją mieszkańcy mojej miejscowości?” Wzięło w nim udział ________ osób, wśród nich było kobiet _______ i _______ mężczyzn. Uzyskane wyniki zestawiono w tabeli 16.

Tabela 16. Rodzaj wody używanej przez wybranych mieszkańców mojej miejscowości

Liczba osób w wieku (lata)						
Woda	10 – 20	21 – 30	31 – 40	41 – 50	51 –	Łącznie osób
Z kranu						
Ze studni						
Mineralna niegazowana						
Mineralna gazowana						
Suma						

Zużycie wody mineralnej niegazowanej						
Nazwa wody						
Liczba osób						
Zużycie wody mineralnej gazowanej						
Nazwa wody						
Liczba osób						

PODSUMOWANIE:

128. Na podstawie ryciny 99 w podręczniku wpisz w prostokąty nazwy substancji zanieczyszczających żywność:

129. Na podstawie składu umieszczonego na opakowaniu dowolnego produktu spożywczego wypisz substancje chemiczne dodawane przy jego produkcji.

SPOSTRZEŻENIA:

Lekcja nr ______ data ______

Temat: PODZIAŁ POKARMÓW

130. Na kartonikach w wycinance wypisane są nazwy pokarmów, które jesz. Dlaczego kartoniki mają dwa różne tła? Podziel pokarmy ze względu na pochodzenie. Podpisz prawidłowo kolumny.

POKARMY

131. Pokarmy można podzielić jeszcze inaczej. Zwróć uwagę na kolor każdego kartonika (strona bez nazwy). Wklej kartoniki do tabeli 17, grupując je według kolorów.

Tabela 17. Podział pokarmów według zawartości składników odżywczych

Źródło

132. W kolorowe prostokąty tabeli 17 wpisz odpowiednio podane określenia: *sole mineralne, tłuszcze, białka, cukry, witaminy, błonnik* (uważaj, aby słowa były użyte w odpowiednim przypadku).

133. Jakie składniki pokarmowe występowały w Twoim śniadaniu? Wypisz je.

134. Zastanów się, czy posiłek zawierał wszystkie potrzebne Ci składniki pokarmowe? Zapisz swoje spostrzeżenia.

Lekcja nr ________ data __________

Temat: OD CZEGO ZALEŻĄ POTRZEBY POKARMOWE LUDZI?

135. Przypatrz się uważnie parom rysunków i wpisz w ramki, jakie czynniki wpływają na ilość i jakość pokarmów spożywanych na kolację.

Ryc. 36. Czynniki wpływające na potrzeby pokarmowe ludzi

136. Zaprojektuj dzienny jadłospis, biorąc pod uwagę wybrane przez Ciebie czynniki.

Jadłospis dla ______________ w wieku ____________ , wykonującego zawód ___________ , mieszkającego w klimacie umiarkowanym, na porę roku ____________ , będącego w ____________ stanie zdrowia.

Lekcja nr ______ data ______

Temat: ZASADY WŁAŚCIWEGO ŻYWIENIA

137. Sprawdź na 5 produktach zakupionych przez Twoją mamę daty ich ważności, sposób przechowywania oraz obecność konserwantów. Wyniki obserwacji zapisz w tabeli.

Tabela 18. Badanie produktów spożywczych

Lp.	Nazwa produktu	Data ważności	Sposób przechowywania	Czy zawiera konserwanty
1.				
2.				
3.				
4.				
5.				

Podsumowanie obserwacji: ______________________________

____

____

____

____

____

____

138. Dwóch chłopców rozmawia o swoim sposobie odżywiania się. Przeczytaj uważnie obie wypowiedzi.

I. *Mama, wychodząc do pracy o godzinie 7, budzi mnie. Ale ja jeszcze muszę trochę poleżeć. Nie wiesz, jak ten czas leci. Popatrzę na zegarek, a tu już 7^{30}. Do szkoły mam niedaleko, bo 5 minut, więc zawsze zdążam. Tylko śniadanie jem w drodze i nie zawsze pamiętam, aby zabrać kanapki do szkoły. Ale co tam, zawsze jakiś grosz mam, więc gdy jestem głodny, kupuję ciastka w naszym sklepiku. Bardzo lubię słodycze i mama musi je przede mną* *chować. Ale i tak je znajduję. Gorzej, jak ciastek nie przywiozą lub nie starczy dla mnie. Po powrocie do domu zjadam kanapki, które zostawiłem, wypijam zimne kakao, bo jestem głodny. Muszę się spieszyć, bo mama przychodzi zaraz po mnie i podaje obiad. Jak się tymi kanapkami najem, to obiadu nie mogę całego zjeść, a tata się dziwi, dlaczego jestem gruby, jeśli tak mało jem na obiad. Za to kolacji nie mogę się doczekać i zjadam więcej niż tatuś. Mama pilnuje, bym regularnie chodził spać, ale ja i tak do 22.00 nie mogę zasnąć, a w nocy zawsze śnią mi się koszmarne sny.*

II. *Ja zawsze wstaję, gdy mnie mama budzi. Mam czas na umycie się i zjedzenie śniadania. Lubię ciepłe mleko, które potem długo mnie grzeje, szczególnie w zimie. Kanapki jem powoli, bo trzeba wszystko dobrze pogryźć. Zawsze pamiętam o drugim śniadaniu. Po powrocie ze szkoły czekają na mnie owoce. To mi wystarcza do obiadu. Mama daje mi na obiad prawie tyle, co tacie, a ja wszystko zjadam. I wcale nie jestem ani gruby, ani chudy. Zasypiam od razu i świetnie się wysypiam, bo kolacja jest zawsze mniej obfita niż obiad.*

139. Podkreśl te fragmenty zdań, które mówią o odżywianiu się chłopców. Który z nich właściwie się odżywia? Czy potrafisz narysować sylwetki chłopca I i chłopca II?

140. Dlaczego hamburgery, pizza, hot dogi nie mogą stanowić podstawy naszego jadłospisu? Uzasadnij odpowiedź.

141. Wklej w odpowiednie miejsca elementy wycinanki.

Produkty szczególnie cenne dla zdrowia, będące podstawą zdrowego odżywiania

Produkty, które się jadać powinno od czasu do czasu

Produkty, które należy jadać rzadko i jak najmniej

Produkty, których najlepiej unikać

142. Dlaczego należy jeść więcej warzyw i owoców niż słodyczy?

Lekcja nr ______ data ________

Temat: PRZYCZYNY I SKUTKI NIEWŁAŚCIWEGO ŻYWIENIA

143. Niewłaściwe odżywianie się powoduje choroby. Postaraj się połączyć w pary nazwy choroby i czynników sprzyjających jej powstawaniu, wpisując w niebieski prostokącik odpowiednie numerki.

krzywica	**1**		osłabienie organizmu u ludzi niedożywionych sprzyja tej chorobie
próchnica	**2**		niedobór soli mineralnych i witaminy D powoduje trwałe zmiany w budowie kości dzieci
gruźlica	**3**		niedobór soli mineralnych i witamin powoduje złą strukturę szkliwa zęba

144. Rozwiąż krzyżówkę, a dowiesz się, jakie czynniki mają ujemny wpływ na nasze zdrowie.

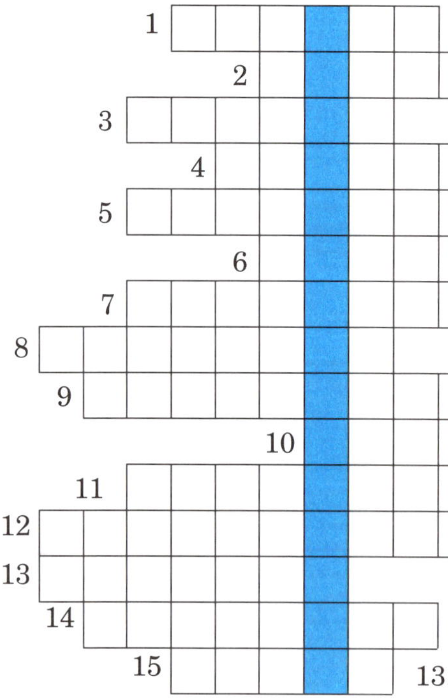

1. Są 2 główne .... racjonalnego odżywiania się.
2. Zdrowy napój.
3. Są materiałem budulcowym organizmów.
4. Zapobiega zaparciom.
5. Atakuje zęby.
6. Najmniej obfity posiłek.
7. Choroba płuc atakująca ludzi niedożywionych.
8. Pełnią funkcję regulującą.
9. Zapewnienie pokarmu każdej komórce.
10. Choroba dzieci spowodowana niedoborem witaminy D.
11. Sprzyja rozwojowi cukrzycy.
12. Tłuszcze i cukry — to składniki...
13. Niewłaściwe odżywianie się powoduje ...
14. Rodzaj pokarmu ze względu na pochodzenie.
15. Najbardziej obfity posiłek.

145. Poniżej wymienione są nazwy różnych narządów człowieka. Na czerwono zamaluj te, które uszkadza alkohol, a na niebiesko te, które uszkadza nikotyna. Jeśli narząd wrażliwy jest na oba czynniki, zamaluj go w połowie na niebiesko, a w połowie na czerwono.

WĄTROBA	MÓZG	SERCE

NARZĄDY ZMYSŁÓW	PŁUCA

Notatki

Lekcja nr ______ data ________

Temat: PRACA I WYPOCZYNEK

146. Zapisz swój dzienny plan zajęć.

147. Przestrzegając reguł przedstawionych w podręczniku na str. 73, sporządź dzienny plan zajęć dla ucznia klasy IV.

148. Porównaj oba plany i przedstaw wnioski.

149. Na rycinie 37 przedstawiono różne sposoby spędzania wolnego czasu. Zamaluj na żółto prostokąty przy rysunkach obrazujących te sposoby spędzania wolnego czasu, które Ty sam najczęściej wybierasz.

Ryc. 37. Sposoby spędzania wolnego czasu

150. Otocz zieloną kredką rysunki przedstawiające te formy spędzania wolnego czasu, które można zaliczyć do wypoczynku czynnego.

151. Pozostałe rysunki obrazują te sposoby spędzania wolnego czasu, które zaliczamy do wypoczynku biernego. Otocz te rysunki czerwoną kredką.

152. Jeśli Marek przez dwie godziny czytał książkę, to co teraz powinien robić? — pójść z psem na spacer, czy obejrzeć ciekawy film w telewizji? Uzasadnij odpowiedź.

153. Wpisz w kółka, jakie korzyści daje nam kontakt z przyrodą.

Lekcja nr ______ data ________

Temat: ŹRÓDŁA I DROGI SZERZENIA SIĘ CHORÓB ZAKAŹNYCH

154. Rozwiąż rebus, a dowiesz się, co powoduje choroby zakaźne.

____

155. W kółkach umieszczono nazwy chorób zakaźnych. Zamaluj je, biorąc pod uwagę źródła zarażenia się tymi chorobami, w sposób następujący: zielonym kolorem — zarażenie przez bezpośredni kontakt, niebieskim — przez wodę i pokarm, żółtym — przez powietrze (drogą kropelkową), czerwonym — przez zwierzęta.

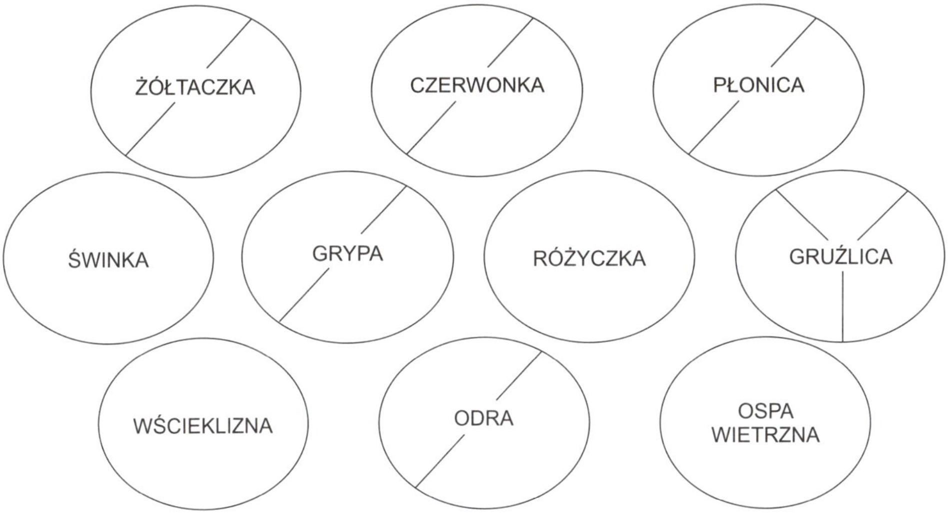

156. Poniżej w prostokątach umieszczono krótkie opisy chorób wymienionych w podręczniku. W kolorowe prostokąty wpisz nazwy opisywanych chorób.

Objawia się gorączką i bolesnym obrzmieniem ślinianek. Zarażenie następuje przez bezpośredni kontakt.	Przebieg jest podobny do odry, ale ma łagodniejszy przebieg. Zarażenie następuje przez bezpośredni kontakt.	Człowiek zaraża się od chorych zwierząt nie tylko wskutek pokąsania go, ale również przez głaskanie, gdyż zarazki znajdują się także w ślinie zwierząt.

Jest przyczyną stanów zapalnych błony śluzowej i dróg oddechowych. Towarzyszą jej bóle kończyn, głowy, gorączka. Można na nią chorować wiele razy, częściej zimą niż latem.

Najczęściej atakuje płuca, dlatego najłatwiej ją rozpoznać na podstawie zdjęcia rentgenowskiego płuc. Zarazić się można przez powietrze, bezpośredni kontakt, pijąc mleko od chorej krowy.

Małe dzieci szczepimy, gdyż jest dla nich niebezpieczna. Rozpoczyna się gorączką, kaszlem, katarem i bólem oczu. Później pojawia się wysypka.

Charakterystycznym objawem jest żółty kolor białka oka i skóry. Najczęściej przenoszona jest przez brudne igły strzykawek. Można również zarazić się przez bezpośredni kontakt i drogą pokarmową.

Przenoszona jest za pośrednictwem wody, pokarmów i brudnych rąk. Objawia się gorączką i krwawymi biegunkami. Niebezpieczna dla małych dzieci, gdyż powoduje odwodnienie organizmu.

157. Jak myślisz, dlaczego jedne prostokąty są żółte, a inne zielone?

158. Na podstawie przeprowadzonego wywiadu i własnej książeczki zdrowia porównaj choroby zakaźne przebyte przez dziadków, rodziców, Ciebie i Twoje rodzeństwo. Zapisz wyniki wywiadu.

Tabela 19. Choroby zakaźne przebyte przez Ciebie i najbliższą rodzinę

Choroby zakaźne	Dziadkowie		Rodzice		Rodzeństwo		Ja
	1	2	1	2	1	2	

WNIOSKI:

Lekcja nr ________ data ________

Temat: OCHRONA PRZED CHOROBAMI ZAKAŹNYMI

159. Co należy robić, by ustrzec się przed zarażeniem chorobą zakaźną? Otocz zieloną kredką właściwe odpowiedzi na postawione pytanie.

- myć ręce przed posiłkiem i po wyjściu z ubikacji
- wietrzyć pomieszczenie
- poddawać się szczepieniom ochronnym
- myć owoce i warzywa
- nie dezynfekować ran
- większość czasu spędzać przed telewizorem
- unikać kontaktu z ludźmi chorymi
- jeść brudnymi rękami
- oddychać przez nos
- uprawiać sporty
- dezynfekować rany
- myć ręce po zabawie ze zwierzęciem
- unikać kontaktu z nieznanym zwierzęciem

160. Rozwiąż rebus i uzupełnij zdanie.

________________ — to zdolność organizmu do obrony przez zarazkami.

161. Spróbuj odpowiedzieć na pytanie: dlaczego niektórzy ludzie chorują na grypę kilka razy w roku, a inni w ogóle nie chorują na tę chorobę?

____

____

162. Sprawdź w książeczce zdrowia, przeciwko którym chorobom podano Ci szczepionkę.

ROZMNAŻANIE SIĘ CZŁOWIEKA

Lekcja nr ______ data ________

Temat: JAK ROZMNAŻAJĄ SIĘ ORGANIZMY?

163. Zdolność do wydawania potomstwa na świat — to ____________

164. Przeskakując określoną liczbę pól, odczytaj nazwy dwóch sposobów rozmnażania się organizmów. Odgadnięte wyrazy przyporządkuj odpowiednim definicjom.

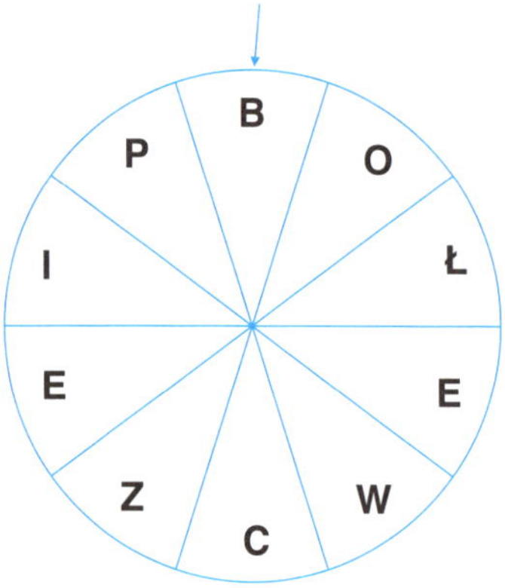

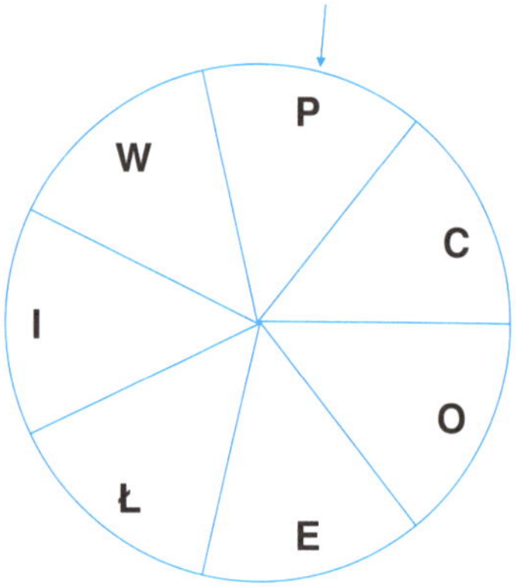

a) W rozmnażaniu ____________ następuje połączenie dwóch komórek rozrodczych — komórki jajowej z plemnikiem.

b) W rozmnażaniu ____________ jeden organizm daje początek dwu lub większej liczbie potomków takich samych jak on.

165. Obwiedź kolorem żółtym nazwy zwierząt jajorodnych, a czerwonym — żyworodnych.

kura	sarna	ślimak	wróbel	niedźwiedź
gęś	dzięcioł	żaba	mysz	gupik
pies	biedronka	mieczyki	mrówka	kozica
kot	szczupak	dzik	motyl	krokodyl

Zielonym kolorem zostały obwiedzione nazwy zwierząt jajożyworodnych.

Lekcja nr ______ data ______

Temat: BUDOWA I ROLA KOMÓREK ROZRODCZYCH CZŁOWIEKA

166. Rysunki przedstawiają komorkę rozrodczą żeńską i komórki rozrodcze męskie. Podpisz właściwe rysunki.

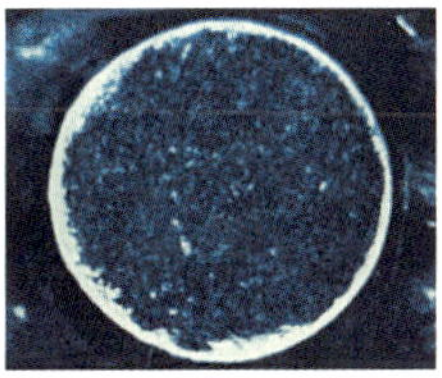

Ryc. 38. ______________

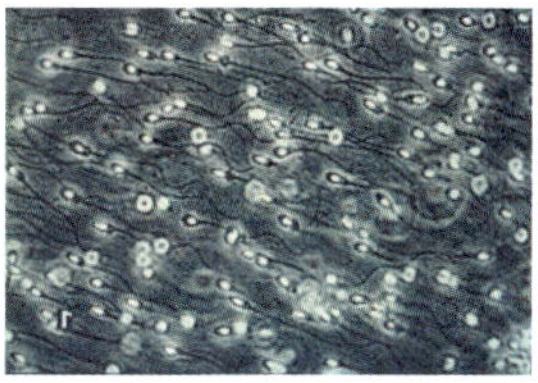

Ryc. 39. ______________

167. Uzupełnij zdania:

Komórki rozrodcze różnią się od siebie. Komórka jajowa jest ____________ od plemnika. Komórka jajowa ma też inny ____________ niż plemnik. Jest ona ____________ , a plemnik ____________ . Witka plemnika służy mu do ______________________________ .

168. Uzupełnij tabelę 20.

Tabela 20. Porównanie cech komórek rozrodczych

Cechy komórek rozrodczych	**Komórka jajowa**	**Plemnik**
		podłużny
	duża	
Ruch		

169. W kolorowe kółka wpisano nazwy narządów rozrodczych, tworzących układ rozrodczy żeński, a w prostokąty — określenia funkcji, jakie te narządy pełnią. Korzystając z podręcznika (str. 81), zamaluj każdy prostokąt odpowiednim kolorem.

jajniki	miejsce rozwoju zarodka
jajowód	miejsce wprowadzenia plemników
macica	dojrzewanie komórki jajowej
pochwa	droga komórki jajowej, miejsce zapłodnienia

170. W kolorowe kółka wpisano nazwy narządów, tworzących układ rozrodczy męski, a w prostokąty — określenia funkcji, jakie te narządy pełnią. Korzystając z podręcznika (str. 82), zamaluj każdy prostokąt odpowiednim kolorem.

jądro	wprowadzenie plemników do dróg rodnych kobiety
nasieniowód	wytwarzanie plemników
prącie	droga plemników

Lekcja nr ______ data ________

Temat: ROZWÓJ ZARODKOWY I PŁODOWY

171. Uzupełnij zdanie wyrazami: *komórki jajowej, organizm, zapłodnieniem, plemnikiem.*

Połączenie się ______________________________ z ____________

______ nazywamy ______________________ . Z zapłodnionej komórki

jajowej rozwija się młody ____________________ .

172. Rozwiąż krzyżówkę, a dowiesz się, jak nazywa się sposób rozmnażania człowieka.

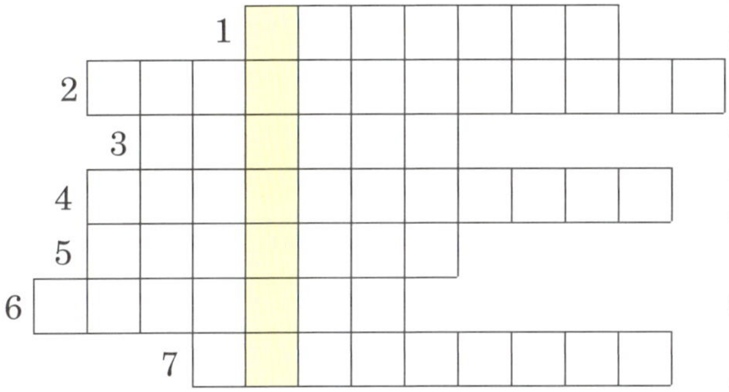

1. Męska komórka rozrodcza.
2. Połączenie komórki jajowej z plemnikiem.
3. Miejsce rozwoju zarodka.
4. Droga plemników.
5. Powstaje z zapłodnionej komórki jajowej.
6. W nim następuje zapłodnienie.
7. Zarodek tych zwierząt rozwija się w organizmie matki.

173. W wycinance znajdziesz opisy rozwoju zarodkowego i płodowego.

a) Dopasuj opisy do ilustracji i wklej je na rycinie 40.

b) W kolorowe prostokąty wpisz odpowiednio: *noworodek, zarodek, płód.*

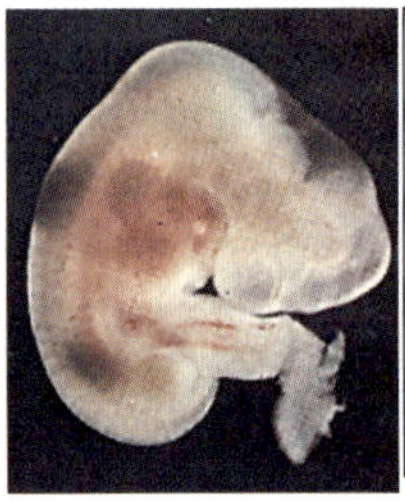

4. tydzień

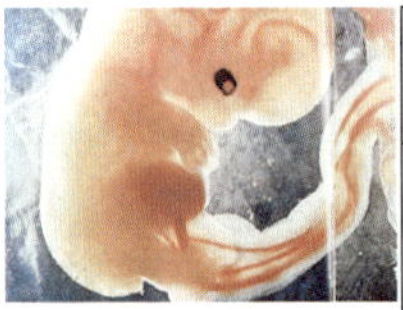

5. tydzień

9. tydzień

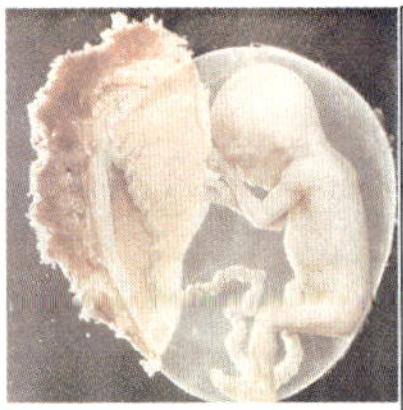

16. tydzień

7 - 8. miesiąc

9. miesiąc

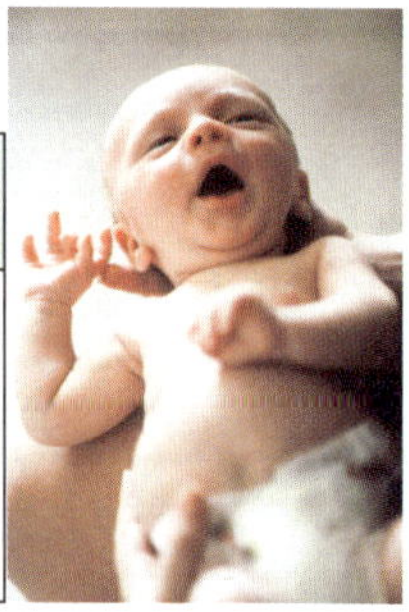

Ryc. 40. Etapy rozwoju zarodkowego i płodowego

Temat: ETAPY ROZWOJU DZIECKA

174. W kolorowych ramkach przedstawiono dzieci w różnych okresach rozwoju. Podpisz je odpowiednio.

a) noworodkowy 4 tygodnie

b) niemowlęcy 4 tygodnie – 1 rok

c) poniemowlęcy 1 – 3 lata

d) przedszkolny 3 – 6 lat

e) szkolny 6 – 12 lat

f) dojrzewanie { 10 – 16 lat / 13 – 18 lat

Ryc. 41. Okresy rozwoju dziecka

175. Poniżej wymieniono cechy charakterystyczne dla różnych okresów rozwoju. Połącz je linią z odpowiednim rysunkiem na rycinie 41.

- doskonali chodzenie
- nawiązuje kontakty z innymi
- jest niezdarny wymaga troskliwej opieki
- ciągle zadaje pytania
- ma umiejętność wspólnej zabawy
- bardzo szybki przyrost wagi i wzrostu
- bawi się samotnie
- śpi prawie całą dobę
- umie stać
- zmiana uzębienia mlecznego na stałe
- uaktywnienie się gruczołów rozrodczych
- pierwsze stałe zęby
- czyta lektury, odrabia lekcje

Lekcja nr ______ data ________

Temat: JAK SIĘ ZMIENIASZ W OKRESIE DOJRZEWANIA?

176. W zadaniu 174 przy okresie dojrzewania podano dwa przedziały wiekowe:

- wiek 10 – 16 lat dotyczy ________
- wiek 13 – 18 lat dotyczy ________

177. W okresie dojrzewania pojawiają się różnice w budowie dziewcząt i chłopców. Znak ♀ oznacza kobietę, znak ♂ oznacza mężczyznę. Przy podanych cechach narysuj odpowiedni znak:

silniejszy rozwój ramion
silniejszy rozwój gruczołów piersiowych
silniejszy rozwój mięśni i kości
większa ilość tkanki tłuszczowej na biodrach, udach
węższe ramiona
węższe biodra
zarost na twarzy
mutacja głosu
niższy wzrost

178. Twój organizm zaczął wytwarzać komórki rozrodcze. Czy to znaczy, że jesteś już dorosłym człowiekiem? Dowiesz się, kiedy to się stanie, gdy rozwiążesz krzyżówkę, a następnie wpiszesz odpowiednie litery w diagram pod krzyżówką.

1. Kobieta ma je szersze.
2. Moment przyjścia dziecka na świat.
3. Narządy wytwarzające plemniki.
4. Dziecko po urodzeniu.
5. Włosy na twarzy u mężczyzn.
6. Zmiana głosu z dziecięcego na męski.

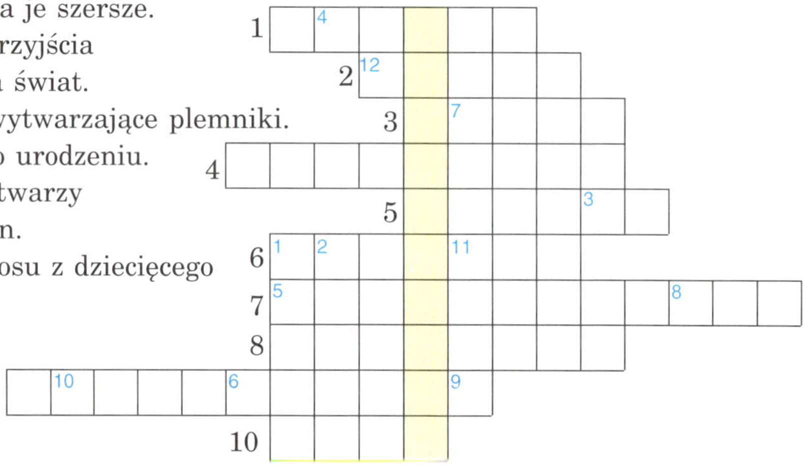

7. Połączenie komórki jajowej z plemnikiem.
8. Łączy płód z matką.
9. Sposób rozmnażania polegający na rozwoju zarodka w organizmie matki.
10. W trzecim miesiącu ciąży można ją już określić (dziewczynka czy chłopiec).

____
(hasło krzyżówki)

179. Poniżej podano określenia haseł z diagramu. Wstaw prawidłowe hasła.

a) ______________ ______________ osiągamy wtedy, gdy wiemy, jak w każdej sytuacji mamy postąpić i stajemy się odpowiedzialni za nasze czyny.

b) ______________ ______________ osiągamy wtedy, gdy zmiany w budowie ciała, narządów wewnętrznych doprowadzą do osiągnięcia wyglądu osoby dorosłej.

180. Poniżej wymieniono czynniki, które wpływają na rozwój fizyczny i psychiczny. Zamaluj je na taki kolor, jak określenia w punktach **a)** i **b)** zadania 179.

- rodzina
- nauka
- sport
- praca fizyczna
- rozrywki kulturalne
- higiena
- odżywianie
- akceptacja i miłość w rodzinie
- życie koleżeńskie
- więź rodzinna
- poczucie bezpieczeństwa w rodzinie

181. Wymień swoje działania, które sprzyjają powstawaniu więzi w Twojej rodzinie.

CZŁOWIEK I JEGO DZIAŁALNOŚĆ

Lekcja nr ______ data ________

Temat: WIEŚ — ZABUDOWANIA, DROGI I PRACA LUDZI

182. Jeśli mieszkasz na wsi i masz mapę swojej miejscowości, wklej kopię fragmentu tej mapy do zeszytu. Jeśli mieszkasz w mieście, możesz wkleić mapę wsi znajdującą się na stronie z wycinankami. Wykonaj następujące zadania:

a) pod mapą umieść jej tytuł,

b) obok legendy wpisz skalę mapy.

Ryc. 42. ________________________________

Skala mapy: ______________

183. Opracuj znaki umowne do legendy mapy oraz rysunki odpowiadające tym znakom, np. własny dom lub dom z ryciny w podręczniku, rodzaj lasu znajdującego się w pobliżu albo znanego Ci z wycieczek. Uzupełnij tytuły rysunków. Możesz skorzystać z podręcznika (str. 90 – 91).

184. Pomaluj mapę zgodnie z opracowaną legendą.

Legenda mapy:

budynek mieszkalny
budynek gospodarski (stajnia, obora, stodoła, szklarnia)
szkoła, sklep
poczta
kościół

budynek mieszkalny

linia kolejowa
droga o nawierzchni utwardzonej
droga gruntowa polna
ścieżka

droga ______________

grunty orne

sady

pole uprawne lub sad

łąki i pastwiska

lasy

las lub łąka

185. Opisz wieś znajdującą się na mapie, wykorzystując terminy wymienione w podręczniku na str. 90 – 94. Opisz rodzaje zabudowy i dróg, sposoby użytkowania gruntów, zatrudnienie mieszkańców, rodzaje usług dla ludności, np. handel, krawiectwo, szkolnictwo, telekomunikacja.

____

____

____

____

Lekcja nr ______ data ________

Temat: KRAJOBRAZ ROLNICZY WYŻYNY LUBELSKIEJ

186. Odszukaj na mapie Polski w atlasie Wyżynę Lubelską.

a) W którym kierunku od Twojej miejscowości leży Wyżyna Lubelska? ______

b) W jakiej odległości (w linii prostej) od Twojej miejscowości leży Lublin? ________

c) W której części Polski leży Wyżyna Lubelska? ________________

d) Między którymi rzekami leży Wyżyna Lubelska? ________________

e) Który dopływ Wisły przepływa przez Wyżynę Lubelską? ____________

187. Na podstawie fotografii w podręczniku (ryc. 149, str. 95) opisz, jak wygląda krajobraz rolniczy.

____

____

____

188. Podaj nazwę żyznej gleby sprzyjającej rolnictwu na Wyżynie Lubelskiej. ________________________

189. Podaj nazwę skały, na której wytworzyły się te gleby. ________

190. Uzupełnij tabelę 21, wpisując produkty pochodzenia rolniczego spożywane bezpośrednio i przetworzone przez przemysł.

Tabela 21. Produkcja rolnicza na Wyżynie Lubelskiej

Produkty rolnicze		Spożywane bezpośrednio	Przetworzone
Rośliny żywieniowe	Pszenica		
	Burak cukrowy		
	Warzywa		mrożonki,
	Owoce		soki,
Produkcja hodowlana	Bydło	mleko, mięso	
	Trzoda chlewna		wędliny
	Drób	jaja	

191. W jakich zakładach przerabiane jest ziarno pszenicy, zanim w postaci chleba lub ciasta znajdzie się na naszym stole?

____

192. Jakie rodzaje przemysłu spożywczego rozwinęły się na Wyżynie Lubelskiej? ____

____

193. Żywność w Twoim domu pochodzi z różnych części Polski, a nawet różnych krajów świata. Uzupełnij tabelę 22, wypisując z opakowań artykułów spożywczych nazwy miejscowości, w których zostały wytworzone, a na podstawie atlasu — nazwy województw.

Tabela 22. Skąd pochodzą wybrane artykuły spożywcze?

Artykuły spożywcze	**Miejscowość**	**Województwo**

Lekcja nr ______ data ________

Temat: MIASTO — ZABUDOWANIA, DROGI I WARUNKI ŻYCIA

194. Jeśli mieszkasz w mieście i masz mapę lub plan swojej miejscowości, wklej fragment jej kopii do zeszytu. Jeśli mieszkasz na wsi, możesz wkleić mapę fragmentu miasta znajdującą się na stronie z wycinankami. Wykonaj następujące zadania:

a) pod mapą umieść jej tytuł,

b) obok legendy wpisz skalę mapy.

Ryc. 43. ________________________________

Skala mapy ________________

195. Opracuj znaki umowne do legendy mapy oraz rysunki odpowiadające tym znakom, np. budynek, w którym mieszkasz, lub typowy dla miast dom z rycin w podręczniku, park, ulica. Uzupełnij tytuły rysunków.

196. Pomaluj mapę zgodnie z opracowaną legendą.

Legenda mapy:

budynek mieszkalny
budynek przemysłowy
szkoła, poczta, sklep
kościół
muzea, obiekty zabytkowe

budynek mieszkalny

dworzec kolejowy, autobusowy
hotele
restauracje, bary

dworzec

linia kolejowa
ulica główna
ulica osiedlowa
ścieżka rowerowa

ulica

parki, skwery, zieleńce

cmentarz

park

197. Opisz część miasta znajdującą się na mapie, wykorzystując terminy wymienione w podręczniku na str. 99 – 103. Opisz rodzaje zabudowy i ulic, warunki życia i wypoczynku ludzi w mieście.

Tabela 23. Porównanie warunków życia na wsi i w mieście

Twój dom lub Twoja okolica	**Wieś**	**Miasto**
198. W jakich domach mieszkają ludzie na wsi i w mieście? (domy jednorodzinne, piętrowe, wielorodzinne bloki)		
199. Jakie rodzaje dróg przeważają na wsi i w mieście?		
200. Skąd pochodzi woda pitna?		
201. Co się dzieje z odpadami?		
202. Jakie rodzaje hałasu występują najczęściej?		
203. Jakie zwierzęta żyją w otoczeniu?		
204. Jakie formy wypoczynku przeważają?		

Lekcja nr ______ data ______

Temat: WARSZAWA — STOLICA POLSKI

Ryc. 44. *Herb Warszawy*

205. W którym roku przeniesiono stolicę Polski z Krakowa do Warszawy?

______

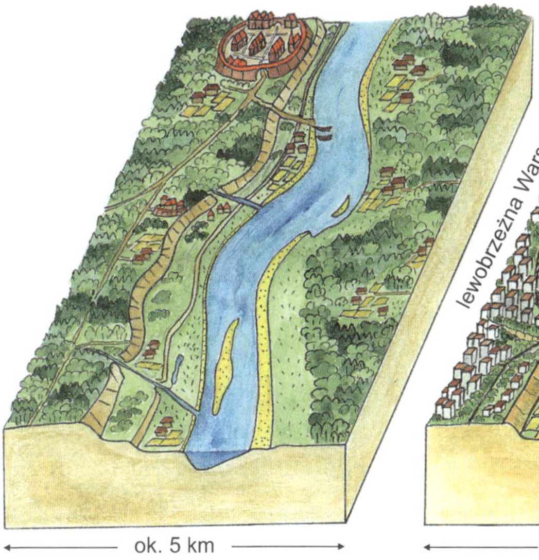

Ryc. 45. Stary gród Warszawa nad Wisłą

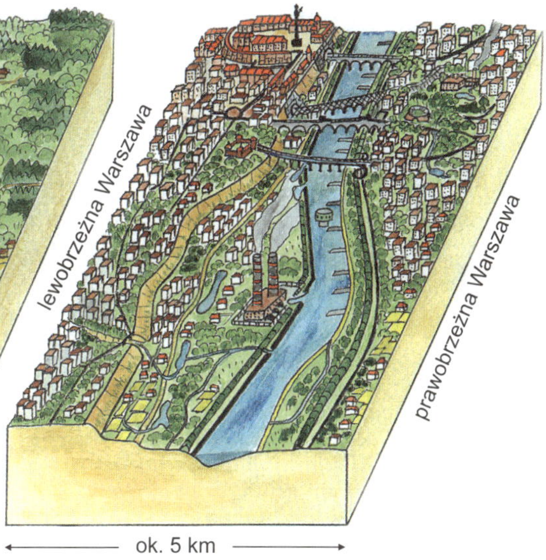

Ryc. 46. Warszawa nad Wisłą dziś

206. Dlaczego stary gród Warszawę wybudowano na wysokim lewym brzegu Wisły?

______

207. Na podstawie rycin 45 i 46 opisz zmiany w krajobrazie Warszawy.

a) Co znajduje się obecnie tam, gdzie dawniej były lasy i pola uprawne?

______

______

b) Jak przeprawiano się przez Wisłę:

dawniej ______

obecnie ______

208. Odszukaj na mapie stolicę Polski — Warszawę i miejscowość, w której mieszkasz. W którym kierunku pojedziesz, udając się do Warszawy?

____

209. Oblicz odległość w linii prostej z Twojej miejscowości do Warszawy.

____

210. Odczytaj z mapy i wpisz nazwę rzeki, nad którą leży Warszawa.

____

211. W której krainie geograficznej leży Warszawa? ______________

____

Ryc. 47. Warszawa jest siedzibą najwyższych władz Rzeczypospolitej Polskiej oraz innych urzędów mających znaczenie dla całej Polski, takich jak ministerstwa, ambasady itp.

212. Odszukaj w podręczniku na planie Warszawy (str. 105) jeden z takich urzędów.

Nazwa urzędu ______________ ul. ______________

Ryc. 48. Warszawa jest wielkim ośrodkiem nauki i kultury

213. Odszukaj na planie Warszawy po jednym obiekcie pełniącym funkcje naukowe i kulturalne.

Funkcje naukowe ______________ ul. ______________

Funkcje kulturalne ______________ ul. ______________

Ryc. 49. Warszawa jest ośrodkiem turystycznym

214. Wypisz z planu w podręczniku obiekty, które chciałbyś zwiedzić w Warszawie. Wklej i podpisz zdjęcie lub widokówkę z tego miasta.

Ryc. 50. Warszawa — ______________________________

Ryc. 51. Warszawa jest ośrodkiem przemysłowym

215. Wypisz z podręcznika nazwy trzech wielkich zakładów przemysłowych stolicy.

____

Ryc. 52. Warszawa jest wielkim węzłem komunikacji krajowej i międzynarodowej (drogowej, kolejowej i lotniczej)

216. Odczytaj z planu w podręczniku i napisz, gdzie znajduje się najważniejszy dworzec kolejowy w Warszawie.

ul. ______________________________

217. Ilu mieszkańców liczy:

a) Warszawa ____________ **b)** miejscowość, w której mieszkasz ________

Lekcja nr ______ data ________

Temat: KRAKÓW — DAWNA STOLICA POLSKI

Ryc. 53. Herb Krakowa

218. Kiedy Kraków był stolicą Polski?

Od ________ roku do ________ roku.

219. W którym kierunku od Twojej miejscowości leży Kraków?

________________ . Wskaż ten kierunek w klasie.

220. Nad jaką rzeką leży Kraków? ________________________

221. Na podstawie fotografii w podręczniku rozpoznaj i w liniach obok ryciny 54 wpisz nazwy najważniejszych zabytków znajdujących się na Rynku Krakowskim. Narysuj strzałki wskazujące te zabytki.

Ryc. 54. Rynek Główny w Krakowie

222. Ustaw plan Krakowa (podręcznik, str. 109) zgodnie z ilustracją i zaznacz na rycinie 54 strzałkami ulice prowadzące z Rynku:

a) do Bramy Floriańskiej i Barbakanu,
b) na Wawel,
c) do Collegium Maius (najstarszej części Uniwersytetu Jagiellońskiego).

223. Uzupełnij tabelę 24, wpisując w puste rubryki dawne i obecne funkcje wymienionych obiektów zabytkowych Krakowa: administracyjne, handlowe, obronne, naukowe, kulturalne, turystyczne.

Tabela 24. Funkcje obiektów zabytkowych Krakowa dawniej i dziś

Obiekt zabytkowy	Dawne funkcje	Obecne funkcje
Zamek Królewski na Wawelu	siedziba króla — — funkcja stołeczna	—
Wieża Ratuszowa (ratusz miejski)	—	— kulturalna — muzeum — usługowa — restauracja
Barbakan i Brama Floriańska	—	— turystyczna
Collegium Maius	siedziba uniwersytetu — — funkcja naukowa	— —
Sukiennice	—	— turystyczno-handlowa — kulturalna
podkrakowska wieś — Mogiła	— rolnicze	— przemysłowa — huta żelaza w Nowej Hucie

224. Na podstawie tabeli 24 zapisz, które funkcje Kraków:

pełnił tylko dawniej	pełni tylko obecnie

Lekcja nr ______ data ________

Temat: GDAŃSK I GDYNIA — PORTY MORSKIE I OŚRODKI PRZEMYSŁOWE

Ryc. 55. Herb Gdańska

Ryc. 56. Herb Gdyni

225. Od kiedy jest portem:

Gdańsk ________________

Gdynia ________________

226. Na podstawie ściennej mapy Polski lub w atlasie uzupełnij rycinę 57.

a) W zaznaczonych miejscach wpisz nazwy: *Półwysep Helski, Zatoka Gdańska, Gdynia.*

b) Dorysuj strzałkę i podpisz kierunek północny.

227. Na rycinie 57 są narysowane dwie latarnie morskie: na Przylądku Rozewie i na końcu Półwyspu Helskiego. Dlaczego wybudowano je w tych miejscach?

____

____

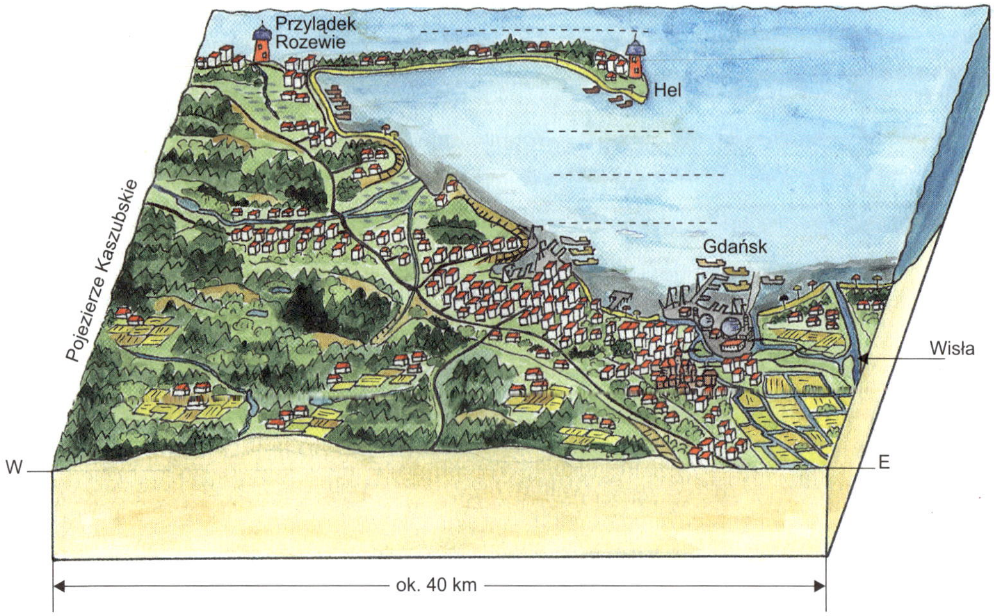

Ryc. 57. Położenie Gdańska i Gdyni

228. Opisz położenie Gdańska i Gdyni.

a) Nad którą zatoką są położone te porty? ____________________

b) Na której części wybrzeża Morza Bałtyckiego leżą? ____________________

c) Z którymi państwami Polska ma połączenia promowe przez te porty? (patrz mapa w podręczniku, str. 113) ____________________

229. Jakiego rodzaju statki można spotkać w portach Gdyni i Gdańska? (Wklej nad odpowiednimi podpisami rysunki ze strony z wycinankami.)

Jacht *Wodolot* *Prom pasażerski*

Kuter rybacki *Kontenerowiec* *Tankowiec*

Ryc. 58. Rodzaje statków

230. Rozpoznaj ryby łowione w Bałtyku (*dorsz, węgorz, śledź, flądra*). Zapisz, jakie przetwory z tych ryb znajdują się w najbliższym sklepie.

Ryc. 59. ____________________

Ryc. 60. ____________________

Ryc. 61. ____________________

Ryc. 62. ____________________

____

____

Lekcja nr ______ data ______

Temat: KRAJOBRAZ PRZEMYSŁOWY WYŻYNY ŚLĄSKIEJ

231. W którym kierunku od Twojej miejscowości znajduje się Wyżyna Śląska? ______

232. Na podstawie ilustracji w podręczniku (ryc. 190 i 191) rozpoznaj na rycinie 63 składniki krajobrazu przemysłowego Wyżyny Śląskiej poprzez zaznaczenie na niej kolorowymi strzałkami:

kopalni ⟶, elektrowni ⟶, hałd ⟶, domów mieszkalnych ⟶

Ryc. 63. Przemysłowy krajobraz Wyżyny Śląskiej

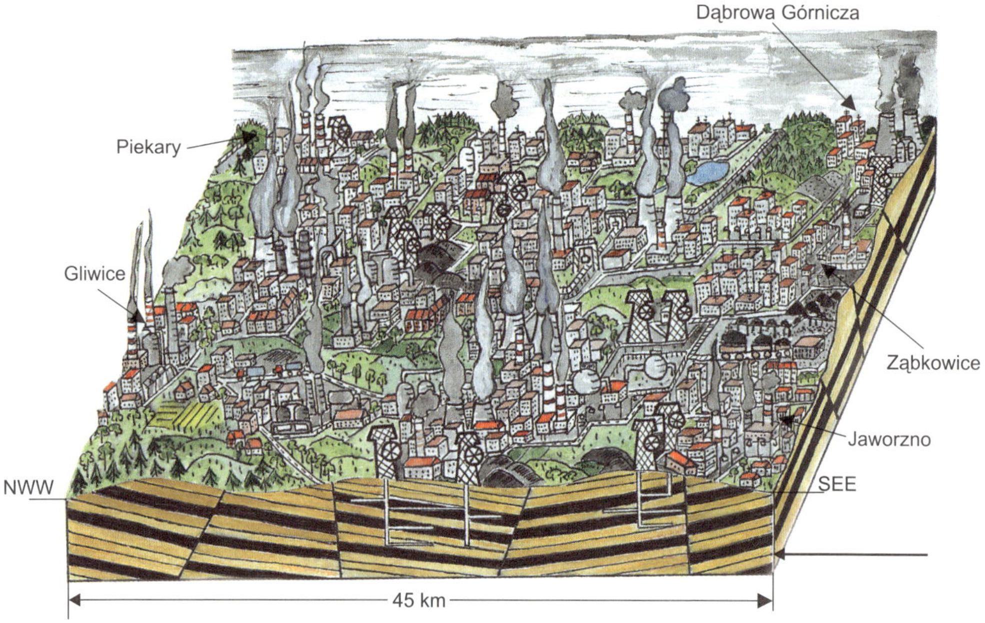

233. Na rycinie 63 zaznaczono występowanie surowca mineralnego. Wpisz nazwę tego surowca obok odpowiedniej strzałki.

234. Jaki wpływ na warunki życia mieszkańców Śląska wywiera przemysł?

______

______

235. Na podstawie mapy w podręczniku (str. 122) wypisz cztery duże miasta leżące bardzo blisko Katowic.

Ryc. 64. Herb Katowic. O czym świadczy taki herb miasta?

236. Wypisz z podręcznika rodzaje zakładów przemysłowych, występujących w Katowicach.

237. Na podstawie podręcznika (str. 116 i 122) wypisz w tabeli 25 zmiany w krajobrazie Wyżyny Śląskiej spowodowane przez przemysł.

Tabela 25. Zmiany w krajobrazie Wyżyny Śląskiej

Wyżyna Śląska dawniej	Wyżyna Śląska dziś
Bujne lasy	
Czyste powietrze	
	Kanały ze ściekami
Ryby, a nawet bobry w rzekach, zwierzyna w lasach	
	Dużo wielkich miast przemysłowych
Rzadka sieć dróg nie utwardzonych, dróg polnych	

238. W jaki sposób zapobiega się dalszemu niszczeniu środowiska na Śląsku?

Lekcja nr ______ data ________

Temat: METALE I NIEMETALE

239. Spośród narysowanych przedmiotów (ryc. 65) wybierz te, które wykonane są z metali. Wypisz nazwy tych przedmiotów.

Ryc. 65. Które z tych przedmiotów są wykonane z metalu?

____

____

____

240. Dlaczego żelazną konstrukcję mostu pokrywa się farbą?

____

____

241. Napisz, jak chronimy przed korozją części rowerowe, takie jak kierownica i obręcze kół? ______________________________

____

Notatki

WARUNKI ŻYCIA I ZALEŻNOŚCI W PRZYRODZIE

ŚRODOWISKO LĄDOWE

Lekcja nr ______ data ________

Temat: PODZIAŁ ŚRODOWISK

242. Wśród narysowanych elementów przyrody są zarówno elementy przyrody ożywionej, jak i nieożywionej (ryc. 66). Zielonym kolorem obwiedź te rysunki, które przedstawiają elementy przyrody ożywionej, czerwonym — nieożywionej.

Ryc. 66. Elementy przyrody ożywionej i nieożywionej

243. W odpowiednim miejscu wpisz następujące wyrazy: *łąka*, ***wodne***, *las, staw, morze, pole*, ***lądowe***, *jezioro, strumień, park, sad, słone, rzeka.*

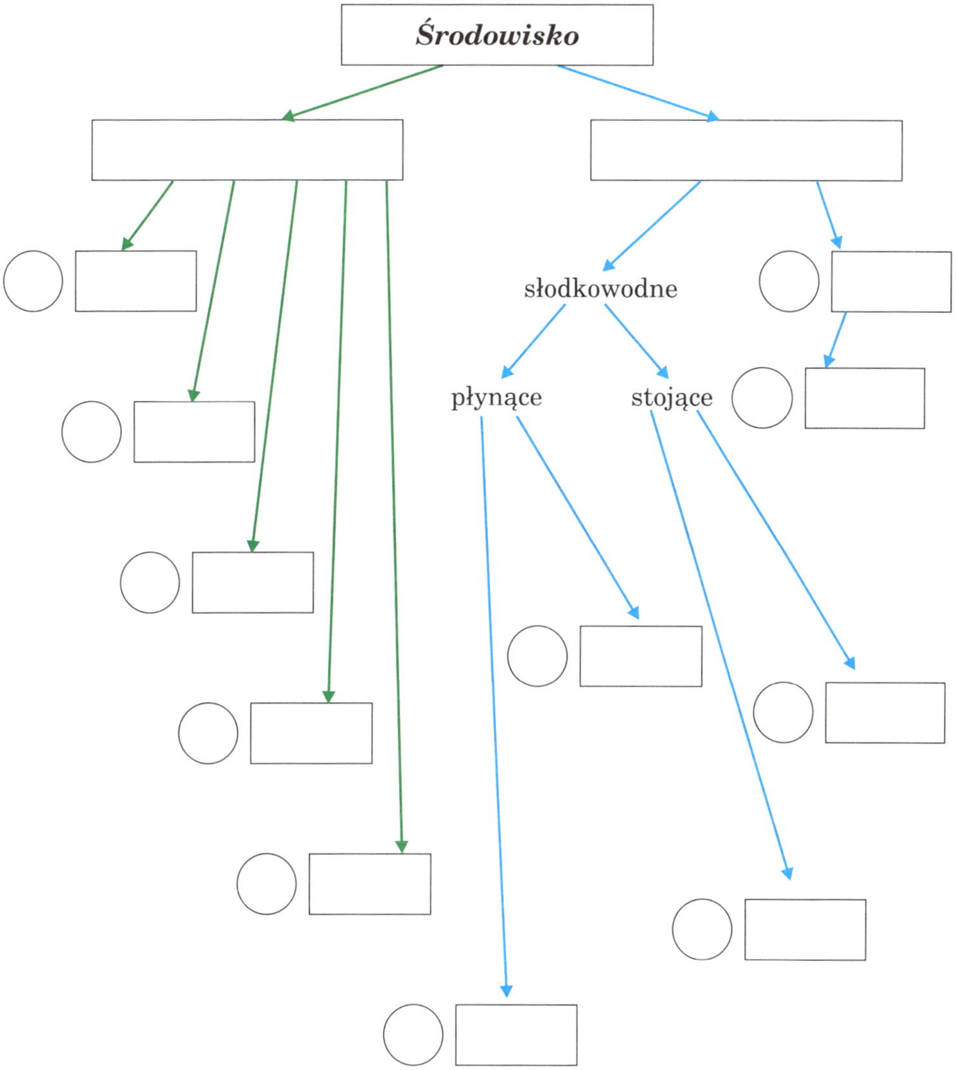

244. Zamaluj żółtym kolorem prostokąty oznaczające te środowiska, które występują w pobliżu Twojej szkoły.

245. Zamaluj kolorem czerwonym kółka przy nazwach określających środowiska, które powstały na skutek działalności gospodarczej człowieka.

Lekcja nr _______ data __________

Temat: SKAŁY W TWOJEJ OKOLICY

(lekcja w terenie)

246. Obok nazwy skały wpisz jej rodzaj. Skorzystaj z podręcznika (str. 125 – 126).

granit __________________, piasek __________________,wapień __________________,

piaskowiec __________________, żwir __________________.

247. Podczas zajęć terenowych lub wycieczki (pod opieką dorosłych) zbierz i opisz okazy skał występujących w okolicy Twojej szkoły.

Jak zebrać i opracować okazy skał?

1. Okazy skał możesz znaleźć często w górach, w miejscach nie pokrytych roślinnością, gdzie skały występują na powierzchni terenu, czyli w tzw. odkrywkach (ryc. 67 i 68) lub nad rzeką, nad potokiem (ryc. 69).
   Uwaga! Unikaj miejsc niebezpiecznych, szczególnie grożących obsunięciem.

Ryc. 67. Odkrywka skały litej

Ryc. 68. Odkrywka skały luźnej

Ryc. 69. Skały luźne nad potokiem

2. Okazy skał zbieraj do przygotowanych wcześniej torebek foliowych. Do torebki włóż kartę z opisem miejsca, z którego wziąłeś okaz.
3. Przy rozpoznawaniu i oznaczaniu okazów skorzystaj z przewodników do rozpoznawania skał i minerałów.

Ryc. 70. Przez lupę możesz dokładniej obejrzeć składniki skały

Ryc. 71. Przewodnik do rozpoznawania skał i minerałów

Nazwa skały ____________

Rodzaj skały ____________

Miejsce znalezienia _____

Opis wyglądu ___________

____

Wykorzystanie w budownictwie ________________

Ryc. 72. Wzór metryczki

4. Zebrane okazy umieść w osobnych pudełkach i opisz je według wzoru (ryc. 72).

Lekcja nr ______ data ________

Temat: WPŁYW PODŁOŻA NA WARUNKI ŻYCIA ORGANIZMÓW

(lekcja w terenie)

248. Pobierz do słoika próbki gleby z pola i z lasu. Porównaj z próbkami gleby piaszczystej i gliniastej. Przez każdą próbkę gleby przepuść taką samą objętość wody. Zanotuj, ile czasu trwało przejście wody przez próbkę. Napisz swoje spostrzeżenia.

gleba piaszczysta ______ gleba gliniasta ______ gleba z pola ______ gleba z lasu ______

Spostrzeżenia: ____

____

249. Rysunki w sposób schematyczny przedstawiają strukturę gleby. Określ strukturę oglądanej przez Ciebie próbki gleby. Zamaluj odpowiednio kwadraciki:

gleba z pola ☐ gleba z lasu ☐

Ryc. 73. Badanie struktury gleby

250. Zwróć uwagę na wygląd roślin przedstawionych na ryc. 73. Od czego zależy wygląd roślin? Uzasadnij odpowiedź.

____

____

____

251. Uzasadnij, dlaczego podłoże ze skał luźnych stwarza roślinom dogodniejsze warunki życia.

____

____

____

252. Organizmy w różny sposób przystosowały się do podłoża, na którym żyją. Po ułożeniu elementów wycinanki, wklej je do tabeli 26 w odpowiednie miejsca.

Tabela 26. Przystosowania roślin i zwierząt do podłoża

Podłoże	Przedstawiciel	Przystosowania

Lekcja nr ______ data ________

Temat: FORMY TERENU I ICH WYSOKOŚCI. RZEŹBA TERENU

(lekcja w terenie)

253. Określ w przybliżeniu wysokość wypukłych form terenu w Twojej okolicy, korzystając z porównań na rycinie 74 (np. nie przekraczają wysokości 10 m, około 40 m, od 100 do 300 m).

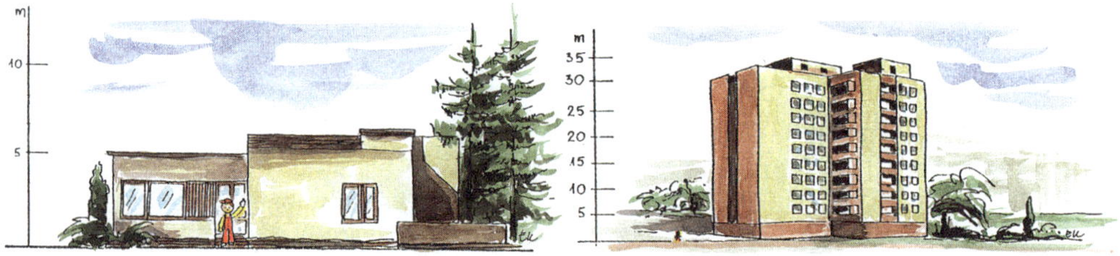

Ryc. 74. Przykłady obiektów pomocnych w określaniu wysokości form terenu („na oko")

254. Sprawdź, które z przedstawionych na rycinie w podręczniku (str. 131, ryc. 218) form terenu występują w Twojej okolicy (pagórki, wzgórza czy góry, a może równina?).

255. Określ położenie swojej miejscowości w stosunku do form wklęsłych terenu, uzupełniając jedno z podanych zdań poprzez wpisanie nazwy swojej miejscowości oraz nazwy rzeki, jeziora albo kotliny.

Moja miejscowość ____________ leży w dolinie rzeki ____________

Moja miejscowość ____________ leży w obniżeniu nad jeziorem ____________

Moja miejscowość ____________ leży w kotlinie śródgórskiej ____________

256. Na podstawie podanych w podręczniku (str. 132) definicji wpisz w odpowiednich miejscach ryciny 75 terminy: *wysokość względna, wysokość bezwzględna.*

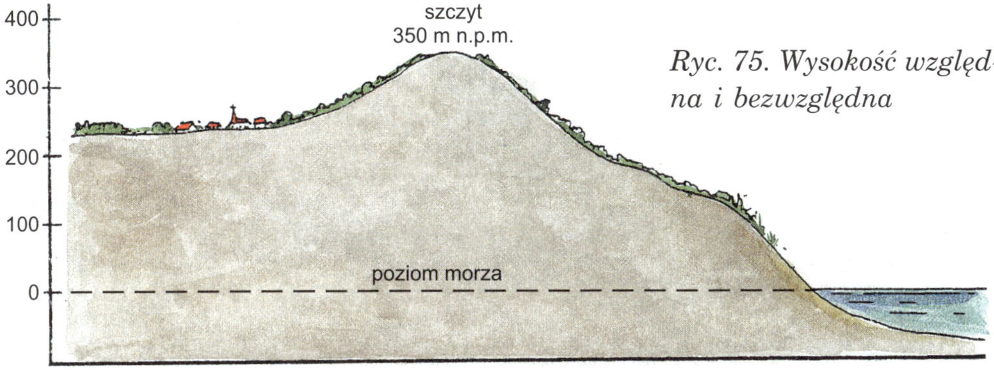

Ryc. 75. Wysokość względna i bezwzględna

257. Na podstawie wysokości podanych na rycinie 75 oblicz wysokość względną wzniesienia, czyli wysokość od podnóża od szczytu.

Wysokość bezwzględna wzniesienia wynosi ____________ m n.p.m.

Wieś u podnóża wzniesienia jest na wysokości 230 m n.p.m.

Wysokość względna wzniesienia wynosi ____________ m

Podkreśl, jaki to rodzaj formy terenu: pagórek, wzgórze, góra.

258. Na mapie topograficznej odszukaj Twoją szkołę i punkt wysokościowy położony najbliżej niej. Wypisz tę wysokość.

____________ m n.p.m.

259. Na podstawie podanych definicji oraz mapy w podręczniku (str. 134) uzupełnij zdania, wpisując w jednym z nich nazwę swojej miejscowości.

Moja miejscowość ________________________ leży w górach.

Moja miejscowość ________________________ leży na wyżynach.

Moja miejscowość ________________________ leży na nizinach.

Niziny są to obszary położone na wysokości do 300 m n.p.m., o stosunkowo niewielkich wysokościach względnych.
Wyżyny — to tereny położone powyżej 300 m n.p.m., o wysokościach względnych do 300 m.
Góry są położone na wysokości powyżej 300 m n.p.m. i mają znaczne (przekraczające 300 m) wysokości względne.

Temat: RZEŹBA TERENU I WODY W TATRACH

260. Opisz w tabeli 27, jak wyglądają poszczególne elementy wysokogórskiego krajobrazu Tatr. Skorzystaj z rysunków (ryc. 76) i wyszukaj odpowiednie określenia w podręczniku.

Tabela 27. Cechy krajobrazu wysokogórskiego

Składniki krajobrazu	**Cechy krajobrazu**
wierzchołki gór	
stoki gór	strome
przełęcze	
doliny	
zbocza dolin	
dna dolin	wąskie
progi skalne	

Ryc. 76. Elementy krajobrazu górskiego

261. Z mapy w atlasie odczytaj i wpisz:

a) nazwę i wysokość najwyższego szczytu w Tatrach Polskich

____

b) wysokość, na której leży jezioro Morskie Oko ______________

c) oblicz różnicę między wysokością szczytu Rysy a wysokością, na której leży Morskie Oko ______________

262. Z jakich skał zbudowane są:

Tatry Wysokie ______________

Tatry Zachodnie ______________

Dla zainteresowanych

263. Wklej ilustracje lub opisz krajobraz miejscowości, w ktorej mieszkasz lub którą odwiedziłeś, na przykład podczas wakacji.

Lekcja nr ______ data ________

Temat: ZAKOPANE — OŚRODEK TURYSTYCZNY

264. Spośród znaków wymienionych w legendzie planu (ryc. 77) wybierz te, które świadczą o tym, że Zakopane jest:

a) ośrodkiem turystycznym w lecie ________________

b) ośrodkiem turystycznym w zimie ________________

c) bazą wypadową w góry ________________

265. Do Zakopanego przyjechałeś pociągiem lub autobusem. Odszukaj jeden z dworców i napisz, gdzie się znajduje:

Dworzec ____________ znajduje się przy ul. ____________

266. Ponieważ jest piękna pogoda, warto obejrzeć panoramę Tatr z Gubałówki. Odszukaj na planie stację kolejki na Gubałówkę. Oblicz, ile potrzebujesz czasu na dojście z hotelu „Dom Turysty" do stacji.

____

267. Odszukaj na planie (ryc. 77) trzy szlaki turystyczne prowadzące w góry. Narysuj znaki, którymi każdy z nich jest zaznaczony. Obok wpisz, dokąd one prowadzą i ile potrzeba czasu na dojście do celu.

____

____

____

268. W 1954 roku utworzono w Tatrach park narodowy. Odszukaj w atlasie granice Tatrzańskiego Parku Narodowego i napisz, na terenie których państw się znajduje.

____

269. Dlaczego w Tatrach utworzono park narodowy?

____

____

____

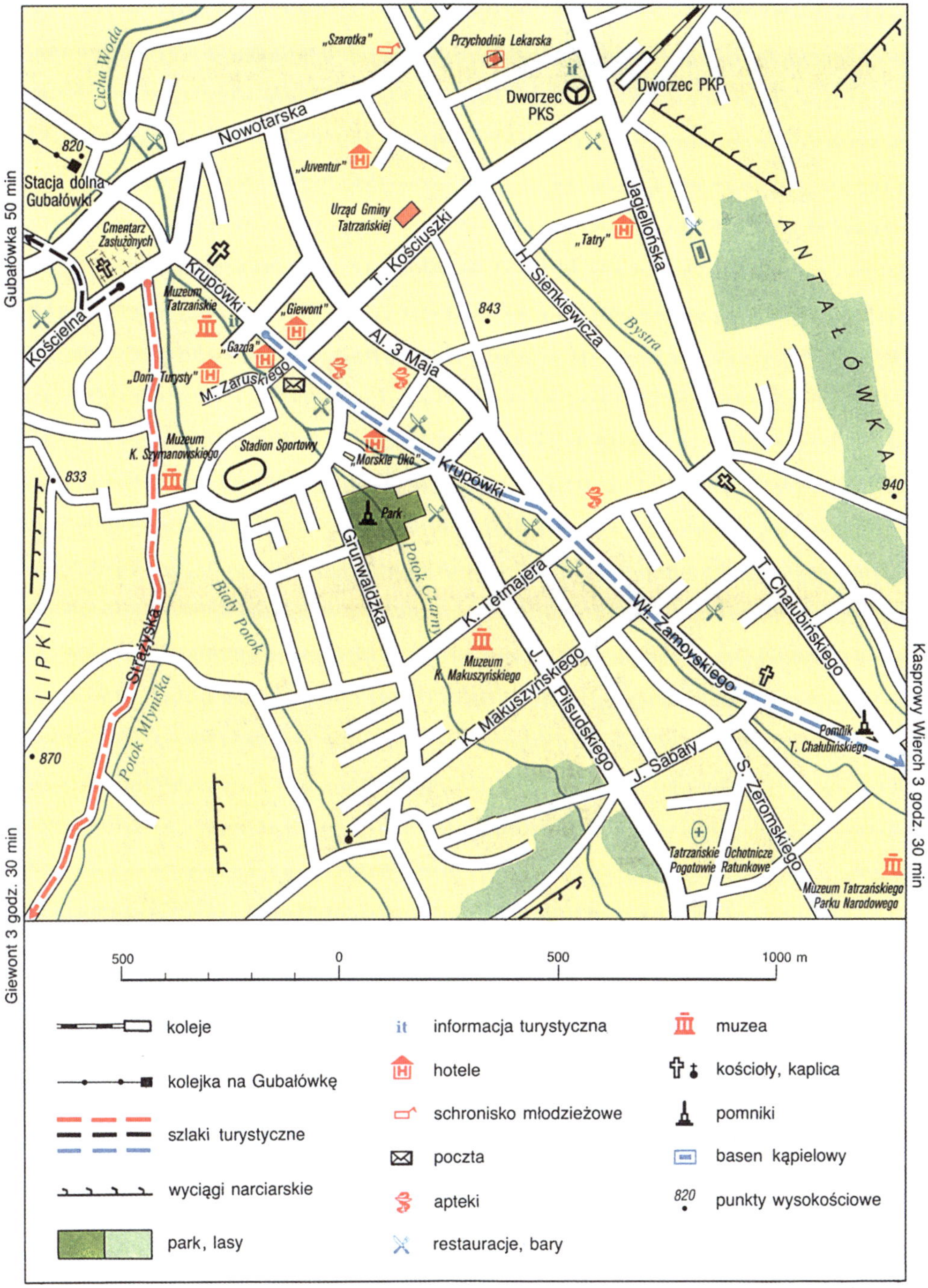

Ryc. 77. Centrum Zakopanego

Lekcja nr ______ data ________

Temat: ROŚLINNOŚĆ I ZWIERZĘTA TATR

270. Na podstawie tekstu i rycin w podręczniku wpisz w tabeli 28 nazwy pięter roślinności w Tatrach oraz nazwy roślin i zwierząt występujących w poszczególnych piętrach.

Ryc. 78 Piętra roślinności w Tatrach

271. Odszukaj na mapie „Tatry Wysokie", zamieszczonej w atlasie:

a) na jakiej wysokości leży Wielki Staw __________ m n.p.m.

b) w którym piętrze roślinności leży to jezioro ____________________

____

272. Odszukaj w podręczniku i napisz, jak zmienia się temperatura w górach wraz z wysokością.

____

____

273. Dlaczego w górach występują piętra roślinności?

Tabela 28. Piętra roślinności w Tatrach

Piętra roślinności m n.p.m.	**Roślinność**	**Zwierzęta**
2200		
1800		
1550 granica lasów		
1250		
1000		

274. Pod rysunkami roślin chronionych wpisz nazwy tych, które znasz.

Ryc. 79. Rośliny chronione w Tatrach

Lekcja nr ______ data ________

Temat: WARUNKI ŻYCIA ORGANIZMÓW W LESIE I NA POLU

(lekcja w terenie)

275. Odczytaj na termometrze temperaturę powietrza na polu i w lesie. Zanotuj wynik.

a) temperatura powietrza w lesie wynosi ____________________

b) temperatura powietrza na polu wynosi ____________________

WNIOSEK: ____

276. Podnieś do góry patyk o długości 50 cm, na końcu którego zawiązany jest pasek folii o długości 30 cm i szerokości 1 cm. Narysuj jego położenie względem patyka.

WNIOSEK: ____

277. Nasłonecznienie danego terenu może być małe (żółty kolor), średnie (pomarańczowy kolor) lub duże (czerwony kolor). Zamaluj odpowiednim kolorem na rycinie 80 prostokąty przy ilustracjach lasu i pola.

Ryc. 80. Nasłonecznienie w lesie i na polu

WNIOSEK: ____

278. Temperatura, ruch powietrza, nasłonecznienie, wilgotność oraz opady — to elementy klimatu. Wstaw w wolne miejsce właściwe określenie: *różny, taki sam.*

Wpływ elementów klimatu na pole i na las jest ____________________

279. Sprawdź, czy w glebie, w której wykonano próbę szpadlową, są organizmy żywe. Podkreśl właściwe określenie:

TAK dużo średnio mało
NIE

Wypisz nazwy tych organizmów, które znasz.

280. Przyjrzyj się roślinom obserwowanym w terenie. Wpisz w żółte prostokąty (ryc. 81) nazwy warstw lasu. Rozpoznaj i zapisz nazwy roślin oraz zwierząt żyjących w poszczególnych warstwach lasu.

	ROŚLINY	ZWIERZĘTA

Ryc. 81. Budowa warstwowa lasu

Uwaga! Swoje obserwacje dotyczące roślin runa uzupełnisz na wiosnę.

281. Rysunki przedstawiają rośliny uprawiane przez człowieka oraz towarzyszące uprawom. Obwiedź zielonym kolorem rysunki przedstawiające rośliny występujące na obserwowanym przez Ciebie polu.

Ryc. 82. Rośliny uprawne i towarzyszące uprawom

282. Jakie zwierzęta udało Ci się zaobserwować na wybranym polu? Wypisz ich nazwy. ______________________________

____

283. Przeczytaj uważnie podane cechy. Wpisz w ramki nazwy poznanych przez Ciebie środowisk (*las, pole*).

[ ]	[ ]
• wiele gatunków roślin • wiele gatunków zwierząt • człowiek nie nawozi gleby • człowiek nie nawadnia gleby	• jeden gatunek rośliny • niewiele gatunków zwierząt • człowiek nawozi glebę • człowiek nawadnia glebę

284. Jedno z poznanych przez Ciebie środowisk jest naturalnym zbiorowiskiem organizmów, drugie — przekształconym przez człowieka. Na zielono zamaluj prostokąt zawierający nazwę zbiorowiska naturalnego, na żółto — przekształconego przez człowieka.

Lekcja nr ______ data ______

Temat: JAKI JEST LAS W TWOJEJ OKOLICY?

285. Na podstawie rycin 255 i 256 w podręczniku (str. 146) porównaj, jak zmieniała się w czasie powierzchnia lasów. Podaj przyczynę zmniejszania się powierzchni lasów w analizowanym okresie.

286. Uzasadnij, dlaczego drzewa liściaste są bardziej odporne na zanieczyszczenia.

287. Wymień w tabeli 29 skutki działalności człowieka w Twojej miejscowości.

Tabela 29. Skutki działalności człowieka

Korzystne	Niekorzystne

288. Napisz, jaki wpływ na stan zdrowotny lasów ma zaobserwowana przez Ciebie działalność człowieka.

289. Podaj, jakie możesz podjąć działania, aby chronić lasy w Twojej okolicy.

Lekcja nr ______ data ______

Temat: WPŁYW WARUNKÓW ŚRODOWISKA NA ORGANIZMY — PRZYSTOSOWANIA ROŚLIN I ZWIERZĄT

290. Pokrój sosny zależy od warunków panujących w środowisku. Wpisz pod rysunkami, które elementy środowiska miały wpływ na wygląd tych sosen?

Ryc. 83. ______________ *Ryc. 84.* ______________________________

291. Czy znasz baśń o trzcinie i dębie? *Niedaleko stawu porośniętego trzciną rósł stary, wspaniały dąb. Długie, szeroko rozłożone korzenie, gruby pień i mocne gałęzie pozwalały mu oprzeć się każdej wichurze. Natomiast trzcina o łodygach cienkich, elastycznych i pustych w środku nawet małemu wiaterkowi musiała się kłaniać. Aż kiedyś w nocy przyszedł huragan o strasznej sile. W świetle błyskawic widać było, jak trzcina dotyka ziemi przygnieciona siłą wiatru. Dąb trzymał się wspaniale, walczył z otaczającą go wichurą, nie poddawał się sile wiatru. Patrzył z niepokojem na swoją przyjaciółkę, krzyczał, by nie poddawała się wiatrowi. Rozwścieczony huragan jeszcze raz przypuścił straszliwy atak. W ryku wichury nikt nie usłyszał jęku ginącej rośliny. W świetle dnia ptaki nie ujrzały już jednego z bohaterów baśni.*
Czy wiesz, którego?
Przekaż swoją odpowiedź w postaci rysunku.

Ryc. 85. Przed wichurą

Ryc. 86. W czasie wichury

Ryc. 87. Po wichurze

292. Podkreśl w tekście dwoma różnymi kolorami przystosowania trzciny i dębu do przeciwstawiania się silnym wiatrom.

293. Dlaczego po przejściu halnego w górach bardzo często leżą powalone świerki?

294. Obwiedź żółtym kolorem (ryc. 88) te nasiona i owoce, ktore rozsiewa wiatr. Uzasadnij swój wybór.

Ryc. 88. Nasiona i owoce roślin

295. Obwiedź zielonym kolorem nazwy tych elementów środowiska, które mają największy wpływ na życie roślin w środowisku lądowym.

mgła	wiatr	słońce	gołoledź
woda	zachmurzenie	deszcz	temperatura

296. W kółka obok rysunków roślin wpisz litery określające przystosowanie rośliny do środowiska:

A — mozaikowe ułożenie liści,
B — sztywna, pionowa łodyga,
C — łodyga wiotka, owijająca się dookoła tyczki.

Ryc. 89. Przystosowania roślin do środowiska

- Który element środowiska powoduje takie przystosowanie w budowie roślin? Jego symbol narysuj w kwadracie.

297. Wyjaśnij, dlaczego rośliny runa leśnego zakwitają wczesną wiosną.

298. Napisz w ramce, który element środowiska powoduje zachowania zwierząt przedstawione na rysunkach.

Ryc. 90. Zachowania zwierząt

299. Zamaluj zielonym kolorem kółeczka przy tych organizmach, które temperatura zmusza do zmiany trybu życia przez pewien czas w roku.

Ryc. 91. Przystosowania zwierząt do zmian temperatury

300. Czy potrafisz wytłumaczyć, dlaczego wróbel i dzięcioł pozostają na zimę, a jaskółka odlatuje na południe?

301. Którą grupę roślin zaliczamy do roślin jednorocznych, a którą do wieloletnich? Podpisz odpowiednio kolumny.

słonecznik		konwalia
maciejka		róża
groch		klon
fasola		paproć

W ramkę wpisz nazwę elementu środowiska, który powoduje taki podział roślin.

302. Zbocza dwóch sąsiednich gór (A i B) pokryte były roślinnością. Wiosną człowiekowi potrzebne były pale do budowy domu i ogrodzenia, więc jedno ze zboczy ogołocił z drzew, zostawiając tylko wystające pniaki. Przez trzy kolejne lata jesienią padały ulewne deszcze, a potem wiały bardzo silne wiatry. Jak czwartej wiosny wyglądało zbocze góry A, a jak góry B? Spróbuj narysować.

Ryc. 92. Zbocze góry A

Ryc. 93. Zbocze góry B

303. Wymień inny przykład wpływu organizmów na środowisko.

Lekcja nr ______ data ________

Temat: ZALEŻNOŚCI POKARMOWE MIĘDZY ORGANIZMAMI

304. Przyjrzyj się rysunkom i wpisz określenie zwierzęcia ze względu na pokarm, jaki zjada: *drapieżnik, roślinożerca, wszystkożerca.*

Ryc. 94. ____________ *Ryc. 95.* ____________ *Ryc. 96.* ____________

Uzupełnij zdanie:

Zwierzęta pobierają ________________ ze środowiska.

305. Co roślinom niezbędne jest do życia? Nazwy niezbędnych czynników wpisz na kreskach ryciny 97.

Ryc. 97. Co rośliny pobierają ze środowiska?

306. Uzupełnij zdanie wyrazami umieszczonymi na rycinie.

Rośliny z ____________ i ____________ ____________ w obecności ____________ wytwarzają sobie ____________ .

307. Wstaw odpowiednie słowa: *producentami, pokarm, środowiska, konsumentami, same.*

Jeśli rośliny ____________ sobie wytwarzają ____________ , czyli produkują, to są ______________________ . Zwierzęta jedzą (konsumują) ____________ , który biorą ze __________________________ , wobec czego są ____________________ .

308. W prostokątach podano rysunki organizmów oraz sylabę stanowiącą część wyrazu. Z rysunków ułóż 2 łańcuchy pokarmowe. Jeśli prawidłowo wpiszesz w kółka nazwy organizmów z sylabami, to dowiesz się, jak nazywamy zależności łączące rośliny i zwierzęta.

KAR	ŁAŃ	MO	CHY	WE	CU	PO

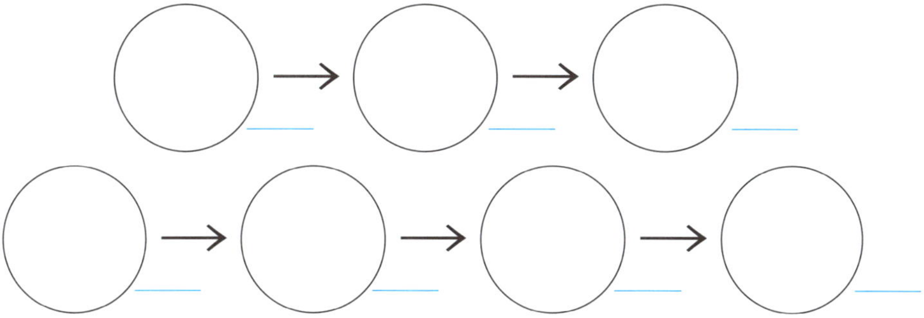

____

309. Co znajduje się na początku tych łańcuchów? ____________________

Uzasadnij odpowiedź. ____

____

____

____

____

310. Wpisz do odpowiedniego prostokąta nazwy brakujących organizmów w łańcuchach pokarmowych: *motyl, kret, fasola, lis, korzenie traw, dąb, mysz, kapusta, biedronka, zboże, bocian, dzięcioł.*

a)		→	zając	→			
b)		→	mszyce	→		→	pająki
c)		→		→	myszołów		
d)	kwiat	→		→	żaba	→	
e)		→	kornik	→		→	jastrząb
f)		→	pędrak	→		→	bocian

311. Zespół organizmów **występujących w danym środowisku i powiązanych różnego rodzaju zależnościami** — to ______________ .

Rozwiąż rebus, a znajdziesz brakujące słowo.

jem = b

ŚRODOWISKO WODNE

Lekcja nr ______ data ________

Temat: WODY POWIERZCHNIOWE. RZEKI

312. Wpisz na mapie (ryc. 98) w odpowiednich miejscach nazwy dwóch **głównych** rzek Polski — Wisły i Odry oraz nazwy ich największych dopływów.

313. Wpisz nazwy trzech największych i dwóch najgłębszych jezior w Polsce. Skorzystaj z tabeli w podręczniku na na str. 159.

Ryc. 98. Największe rzeki w Polsce i ich dorzecza

314. Zaznacz na mapie (ryc. 98):

a) położenie swojej miejscowości i wpisz jej nazwę,

b) dorysuj (jeśli brak na mapie) rzekę lub jezioro, nad którym leży Twoja miejscowość. Wpisz nazwę tej rzeki lub tego jeziora.

315. Opisz rzekę lub jezioro, nad którą leży Twoja miejscowość. Użyj terminów zawartych w opisie rzeki w podręczniku, str. 155–158.

Lekcja nr ______ data ______

Temat: ŻYCIE W ŚRODOWISKU WODNYM

(lekcja w terenie)

316. Czy warunki życia w wodzie są takie same, jak na lądzie? Obserwacje wykonane według instrukcji pozwolą Ci odpowiedzieć na to pytanie.

a) Zmierz temperaturę wody i powietrza za pomocą termometru. Zanotuj wynik:

temperatura wody wynosi ______ °C

temperatura powietrza wynosi ______ °C

WNIOSEK: ______

______

______

______

b) Kiedy woda jest cieplejsza: w południe, czy wieczorem? ______

Ryc. 99. Temperatura wody w różnych porach dnia

PRZYCZYNY: ______

______

______

______

______

______

c) Na rycinie 100 przedstawiono ten sam fragment środowiska latem i zimą. Porównaj oba rysunki i wypisz zmiany, jakie zaszły w tym środowisku.

Ryc. 100. Środowisko latem i zimą

SPOSTRZEŻENIA:

W wycinance znajdziesz określenia cech środowiska lądowego i wodnego. Wklej je odpowiednio: w zielone prostokąty — określenia cech środowiska lądowego, w niebieskie — wodnego. Zwróć uwagę, aby wklejać pary odpowiadających sobie cech, np. duża gęstość — mała gęstość.

Cechy środowiska

lądowego

wodnego

317. Poniżej podano cechy środowiska decydujące o warunkach życia w wodzie. Zamaluj na czerwono te cechy, na które ma wpływ zanieczyszczenie zbiorników wodnych ściekami komunalnymi oraz nawozami mineralnymi spływającymi z pól.

- ilość składników pokarmowych
- gęstość wody
- małe wahania temperatury
- przejrzystość
- ilość zawartego tlenu w wodzie
- stała wilgotność

318. Podaj czynniki, które mają największy wpływ na ilość tlenu w wodzie.

319. Czy na głębokości 10 metrów jest tak samo jasno, jak na głębokości 3 metrów? Czy w każdym zbiorniku na głębokości 3 metrów jest tak samo jasno? Od czego więc zależy przejrzystość zbiorników wodnych?

Lekcja nr ______ data ______

Temat: ROŚLINY W ŚRODOWISKU WODNYM — PRZYSTOSOWANIA

(lekcja w terenie)

320. W prostokąty na rycinie 101 wpisz nazwy grup roślin wodnych.

Ryc. 101. Strefy roślinności wodnej

321. Rozpoznaj i wpisz nazwy roślin należących do poszczególnych grup.

1.	2.	3.
______	______	______
______	______	______

322. Przekrój łodygę trzciny. Opisz jej wygląd w środku.

323. Obejrzyj liście grążela. Opisz ich wygląd.

324. Opisz budowę liści, łodygi i korzeni moczarki, wywłócznika lub rogatka.

325. Poniżej podano cechy trzech grup roślin wodnych. Obwiedź wypisane cechy w sposób następujący: kolorem zielonym cechy roślin wynurzonych, czerwonym — roślin o liściach pływających, niebieskim — roślin zanurzonych.

- niektóre mają kłącza magazynujące pokarm
- wiele pozbawionych jest korzeni
- składniki odżywcze rozpuszczone w wodzie pobierają całą powierzchnią ciała
- liście pływają po powierzchni wody
- liście są duże, okrągłe lub owalne
- łodygi są długie i giętkie, co zabezpiecza je przed rozerwaniem
- liście są małe lub podzielone, nie stawiają oporu
- niektóre łodygi są wewnątrz puste

Lekcja nr ______ data ______

Temat: ZWIERZĘTA W ŚRODOWISKU WODNYM — PRZYSTOSOWANIA

(lekcja w terenie)

326. Na rycinie 102 przedstawiono zwierzęta występujące w zbiornikach słodkowodnych. Zamaluj kółka przy tych rysunkach, które przedstawiają zwierzęta zamieszkujące badany przez Ciebie zbiornik. Zapisz liczbę zaobserwowanych przez Ciebie gatunków w danej grupie zwierząt.

Ryc. 102. Zwierzęta żyjące w rzekach, stawach, jeziorach

327. Wśród zwierząt przedstawionych na rycinie 102 są takie, które całe życie spędzają wyłącznie w wodzie. Wymień niektóre z nich.

____

____

328. W jaki sposób oddychają te zwierzęta? Za pomocą ____________ i ____________________________ .

329. Na rysunkach przedstawione są nogi trzech zwierząt, które tylko część życia spędzają w wodzie.

Ryc. 103. Nogi niektórych zwierząt wodnych

Wspólną cechą nóg tych zwierząt, umożliwiającą pływanie, jest występowanie __________ __________ .

330. Wymień przykładowo zwierzęta, które mają tak zbudowane nogi.

____________ ____________ ____________

Notatki ____________________________________

Lekcja nr ______ data ________

Temat: ZALEŻNOŚCI MIĘDZY ORGANIZMAMI W BIOCENOZIE JEZIORA

331. Kształt ciała ryby zależy od miejsca jej występowania, rodzaju pokarmu i sposobu jego zdobywania. W odpowiednie miejsca tabeli 30 wklej z wycinanki cechy charakterystyczne dla danej ryby.

Tabela 30. Przystosowanie ryb do zdobywania pokarmu

Nazwa ryby	Przystosowanie do życia
 szczupak	
 ukleja	
 leszcz	

332. Przeczytaj jeszcze raz teksty umieszczone w tabeli. Jedne cechy przystosowawcze ryb wiążą się z koniecznością zdobywania pokarmu. Inne cechy przystosowawcze ryb wiążą się z koniecznością ochrony przed wrogiem. Zamaluj trójkąty przy opisie cech pierwszego rodzaju na czerwono, a trójkąty przy opisie cech drugiego rodzaju na niebiesko.

333. Z podanych zwierząt i roślin ułóż proste łańcuchy pokarmowe.

szczupak

glony

wydra

płoć

łyska

zatoczek

grzybień biały

sum

lis

rzęsa wodna

kaczka

Ryc. 104. Łańcuchy pokarmowe w środowisku wodnym

334. Jest jeszcze jedna grupa organizmów związanych z producentami i konsumentami. Stanowią ją organizmy, których nazwę poznasz, gdy rozwiążesz krzyżówkę i wpiszesz odpowiednie litery do diagramu pod krzyżówką.

1. Roślina o liściach pływających.
2. Roślina wynurzona.
3. Ryby pobierają przez nie tlen.
4. Jeden ze ślimaków.
5. Ryba warstwy powierzchniowej.
6. Jego larwa ma domek.
7. Roślina wodna o dużych, białych kwiatach.
8. Jego ilość w wodzie zależy m.in. od temperatury wody.

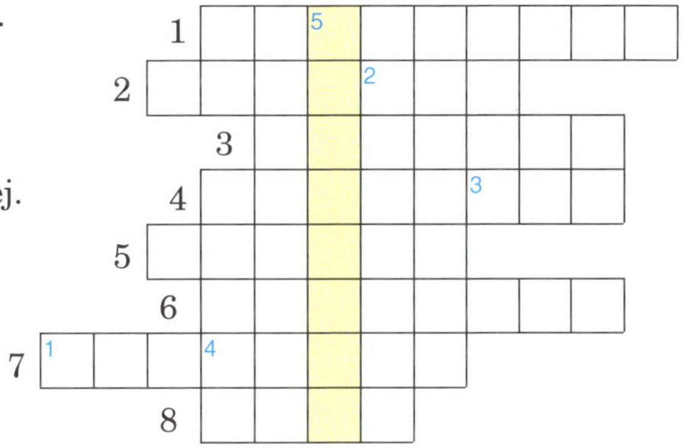

______________ (hasło krzyżówki) i

1	2	3	4	5	4

— to organizmy żyjące w glebie oraz w mule zbiornika wodnego.

335. Po wpisaniu w koła wyrazów: *bakterie i grzyby, konsumenci, producenci*, połącz je odpowiednio strzałkami. Zatytułuj przedstawiony schemat.

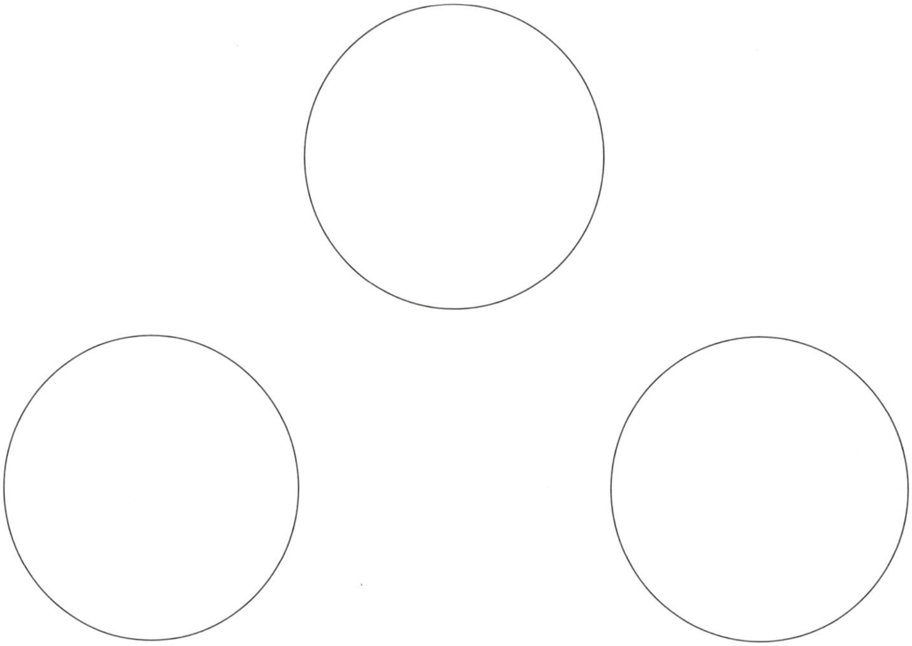

tytuł schematu

336. Jaką funkcję w krążeniu materii pełnią bakterie i grzyby?

Lekcja nr ______ data ______

Temat: KRAINA WIELKICH JEZIOR

337. Na podstawie poniższej ryciny oraz rycin 14 i 15 w podręczniku wypisz najważniejsze składniki krajobrazu okolic jeziora Śniardwy:

— naturalne ______

— utworzone przez człowieka ______

Ryc. 105. Krajobraz okolic jeziora Śniardwy (najwyższe wzniesienie ok. 160 m n.p.m.)

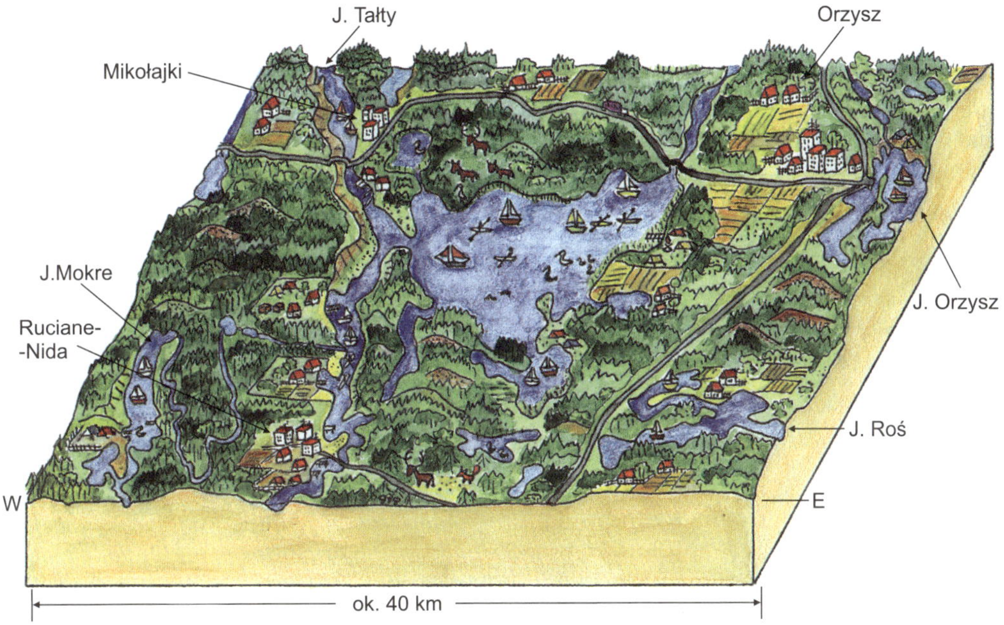

338. Jakie rodzaje turystyki rozwinęły się w tej krainie?

— w lecie ______

— w zimie ______

339. Za pomocą mapy w skali 1:250 000, zamieszczonej w atlasie, odpowiedz, jakimi drogami wodnymi można przepłynąć z jeziora Śniardwy na jezioro Mamry?

______

______

WPŁYW CZŁOWIEKA NA PRZYRODĘ. OCHRONA PRZYRODY

Lekcja nr ______ data ________

Temat: JAK CZŁOWIEK WPŁYWA NA ŚRODOWISKO?

340. Jak człowiek zmieniał warunki życia w środowisku? Przedstaw ten temat, korzystając z rysunków i określeń zawartych w wycinance.

Ryc. 106. Wpływ człowieka na środowisko

341. Obwiedź czerwonym kolorem te działania człowieka, które miały największy wpływ na zmiany w środowisku.

342. Niektóre zasoby przyrody mogą się odnawiać, inne — niestety nie. Zielonym kolorem zamaluj wyrazy określające zasoby odnawiające się, czerwonym — zasoby nie odnawiające się.

siarka   węgiel   rośliny   gaz ziemny   żelazo

woda   srebro   miedź   ropa naftowa   zwierzęta

gleba   złoto   powietrze

343. Z podanego zestawu przedmiotów wpisz do tabeli 31, odpowiednio je segregując, te, które Ty i Twoja rodzina wyrzucacie jako śmiecie:

puszki blaszane i aluminiowe, butelki i słoiki szklane, folia aluminiowa, opakowania styropianowe, opakowania tekturowe, opakowania po sokach, pieluchy jednorazowe (pampersy), plastikowe butelki i pojemniki, czasopisma, kartony po jajkach, talerze, sztućce i kubki jednorazowego użytku, odpadki żywności, torby foliowe.

Tabela 31. Odpady w gospodarstwie domowym

Rozkładające się	**Nie rozkładające się**

344. Wypisz z powyższego zestawu te odpady, które możesz wykorzystać powtórnie. Uzasadnij swoją decyzję.

345. Na podstawie obserwacji podaj przykłady właściwego i niewłaściwego oddziaływania człowieka na środowisko w Twoim miejscu zamieszkania (regionie).

346. Podaj 4 argumenty, które uzasadniałyby wybrane przez Ciebie zdanie:

a) W moim regionie środowisko jest słabo przekształcone.
b) W moim regionie środowisko jest silnie przekształcone.

Lekcja nr ______ data ________

Temat: JAK CHRONIMY PRZYRODĘ W REGIONIE I W POLSCE?

347. Dowiedz się, czy w Twoim województwie znajdują się obszary chronione. Zapisz ich nazwy (jeden przykład):

a) park narodowy ______________________

b) park krajobrazowy ______________________

c) obszar chronionego krajobrazu ______________________

d) rezerwat ______________________

e) inne ______________________

348. Co najbardziej zagraża środowisku w Twoim regionie?

____

349. Zastanów się, czy w najbliższej okolicy Twego miejsca zamieszkania są tereny zniszczone (zdegradowane) w wyniku działalności ludzkiej.

a) Narysuj stan obecny tego terenu.
b) Zaplanuj działania, jakie należy podjąć, aby ten teren stał się terenem wypoczynkowym.
c) Narysuj, jak będzie ten teren wyglądał po wykonaniu zaplanowanych przez Ciebie działań.

Lekcja nr ______ data ________

Temat: KRAINY GEOGRAFICZNE POLSKI

350. Na mapie (ryc. 107):

a) wpisz nazwy głównych krain geograficznych Polski,

b) zaznacz miejsca i wpisz ich nazwy:

— miejscowość, w której mieszkasz,

— miejsca, w których spędzisz wakacje lub chciałbyś je zobaczyć.

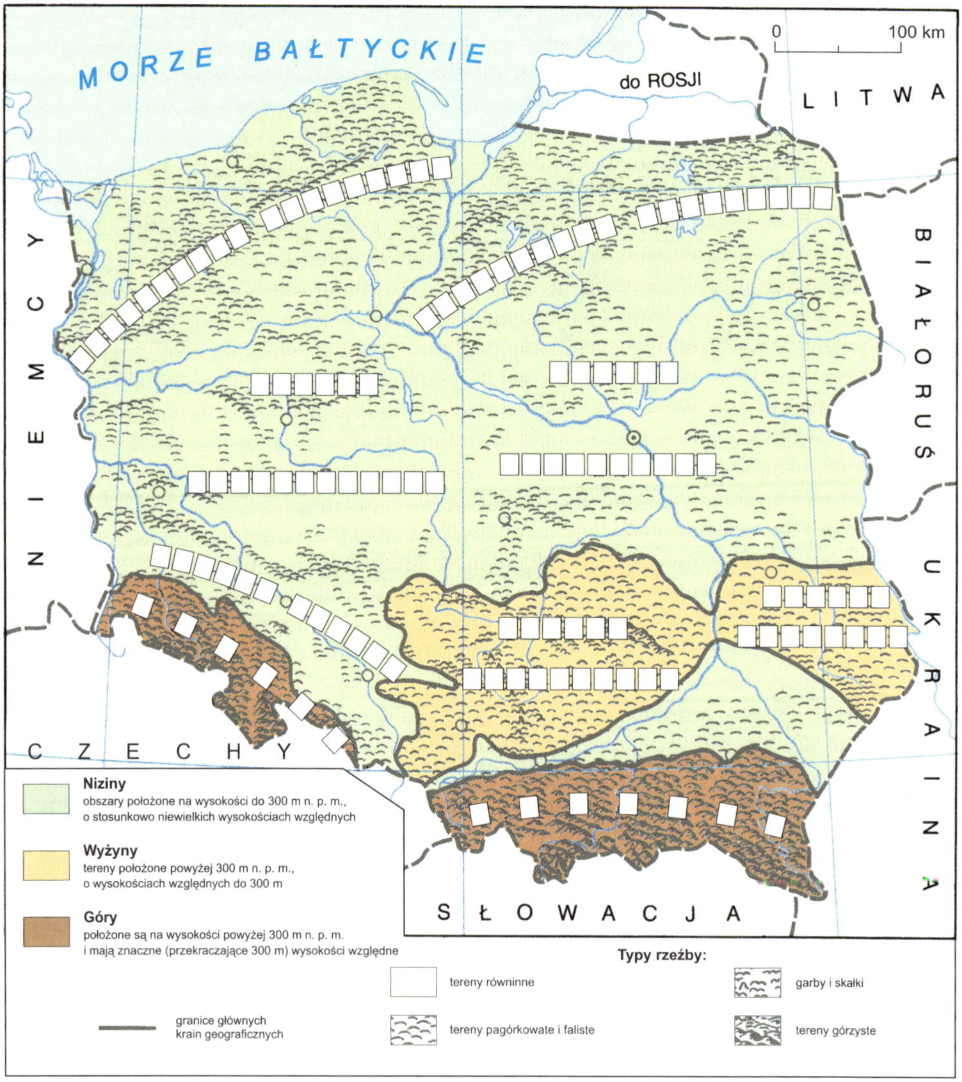

Ryc. 107. Krainy geograficzne Polski

351. Opisz krainę geograficzną, w której mieszkasz (według podanych punktów):

Nazwa krainy geograficznej ____________________

Rzeźba terenu ____________________

Nazwy głównych rzek i jezior ____________________

Skały występujące w podłożu ____________________

Roślinność naturalna ____________________

Rośliny uprawiane ____________________

Zwierzęta żyjące w stanie dzikim ____________________

Zwierzęta hodowane ____________________

Parki narodowe ____________________

Najważniejsze miasta ____________________

Znane Ci zabytki kultury ____________________

Znane Ci muzea ____________________

Ważne obiekty gospodarcze ____________________

Notatki ____________________

Dla zainteresowanych

352. Wykonaj album lub inne zestawienie ilustracji i tekstu, w którym przedstawisz swój region i jego atrakcje turystyczne.

353. Opisz krainę geograficzną, którą chciałbyś zwiedzić podczas wakacji. Skorzystaj z map w podręczniku i w atlasie. Uwzględnij:
nazwę krainy
rzeźbę terenu
nazwy rzek, jezior
parki narodowe
najważniejsze miasta
ciekawe miejsca pod względem krajoznawczym (lub osobliwości turystyczne)

Co wpłynęło na wybór tego terenu?
Czego dowiedziałeś się o tym regionie podczas nauki przyrody w kl. IV?

Notatki

Notatki

zad. 11 str. 9

zad. 11 str. 9

zad. 46 str. 21

zad. 131 str. 57

chleb graham	mięso	słonina	cukier	tran	mleko
orzechy	groch	masło	jabłka, gruszki	wątroba	sery żółte
śliwki suszone	fasola	smalec	ziemniaki	mleko	ryby
groch	twaróg	olej	chleb	czarne porzeczki	ziemniaki
fasola	jaja	margaryna	ciastko	ziemniaki	kapusta
czarna porzeczka	mleko	orzechy	makaron	marchew	fasola
jabłka, gruszki	ryby	oliwki	kasza	pomidory	pietruszka

zad. 114 str. 48

zad. 141 str. 63

wędliny, tłuste mięsa, słonina, bekon, cukier, kasza, ciastka

oleje, chuda wołowina, cielęcina, większość serów, tłuste ryby (śledź, makrela), drób

pizza, śmietana, białe pieczywo, czekolada, lody

kiełki, chude ryby (flądra, halibut, sandacz, kalmary), płatki owsiane, otręby, czosnek, świeże owoce i warzywa, fasola, żywność z pełnego ziarna

zad. 182 str. 80

zad. 194 str. 84

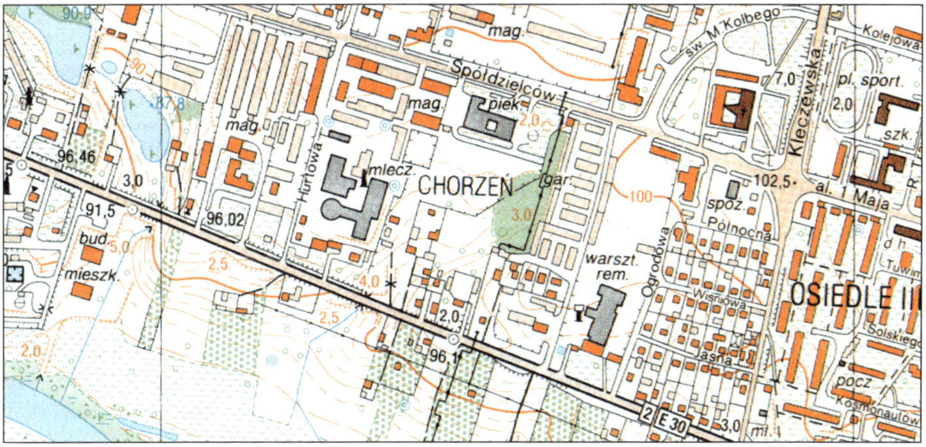

zad. 316 str. 126

DUŻA GĘSTOŚĆ	MAŁA PRZEJRZYSTOŚĆ
STAŁA WILGOTNOŚĆ	MAŁE WAHANIA TEMPERATURY
MAŁA GĘSTOŚĆ	DUŻA ZMIENNOŚĆ WILGOTNOŚCI

STAŁA ILOŚĆ TLENU	ILOŚĆ TLENU ZALEŻY OD TEMPERATURY WODY
DUŻA PRZEJRZYSTOŚĆ	DŁUGO SIĘ NAGRZE-WA I DŁUGO UTRZYMUJE CIEPŁO
DUŻE WAHANIA TEMPERATURY	KRÓTKO SIĘ NA-GRZEWA I KRÓTKO UTRZYMUJE CIEPŁO

zad. 331 str. 132

JEST DRAPIEŻNIKIEM	PŁYWA WOLNO
UBARWIENIE CIAŁA PRZYPOMINA CIENIE RZUCANE PRZEZ ŁODYGI ROŚLIN	ŻYWI SIĘ DENNYMI ZWIERZĘTAMI WODNYMI
OTWÓR GĘBOWY JEST SKIEROWANY NIECO SKOŚNIE KU GÓRZE	MA WYSKLEPIONY CIEMNY GRZBIET
OD SPODU JEST MIENIĄCA I SREBRZYSTA	ŻYWI SIĘ PLANKTONEM
	MA BARDZO OSTRE ZĘBY SKIEROWANE KU TYŁOWI

zad. 340 str. 136

	**wypalanie lasów, uprawa roli, budowa domów**
	**udomowienie zwierząt, wypasanie zwierząt, mieszkanie w szałasach**
	**mieszkanie w jaskini, zbieranie owoców leśnych, polowanie, ciągła zmiana miejsca pobytu**

zad. 173 str. 75-76

zawiązki nóg i rąk 8 mm 0,03 g	mniejsza odporność nabywanie odporności 50 cm 3500 g	rozpoczęcie pracy serca 4 mm
przybieranie kształtów istoty ludzkiej (ręce, nogi, twarz), wykształcenie narządów rozrodczych, określenie płci 4 cm 4 g	odbieranie dźwięków, silny wzrost, odkładanie się tłuszczu, wygładzanie skóry 33 cm 2200 g	silne ruchy wyczuwalne przez matkę 16 cm 100 g

zad. 229 str. 93

zad. 256 str. 103

prawie zupełnie ślepy, kształt ciała dostosowany do poruszania się w korytarzach, przednie nogi jak łopaty, sierść krótka, wyrasta prosto
nogi zakończone wąskimi, twardymi, ruchomymi raciczkami, silne mięśnie kończyn
racice ma duże i szeroko rozstawione
liście – pułapki, zaopatrzone w specjalne włoski
liście pokryte nalotem wosku
długie korzenie
magazynuje wodę w liściach